SCORPIO

ZUM BUCH

Beruf und Berufung, Liebe und Partnerschaft, Heilung und Gesundheit, Leben und Sterben – Mari Nil wirkt als Botschafterin, um die göttliche Essenz in die wichtigsten und sensibelsten Facetten unseres Daseins zu bringen. Egal, wonach wir fragen, wir uns sehnen und wovor wir uns fürchten: Mari Nil lebt und lehrt, dass hinter der Oberfläche eine ewige weise Substanz ruht. Und damit jeder aus dieser Essenz schöpfen und zu mehr Liebe, Glück, Heilung und Erfolg finden kann, begleitet sie uns behutsam in einen neuen Bewusstseinszustand, der das Gefühl des Mangels in Fülle verwandeln kann. *Die Essenz Gottes* ist ein Versprechen von Glück, das dauerhaft erfüllt werden kann, wenn wir lernen, uns als eine lebendige Manifestation von Spiritualität zu begreifen.

ZUR AUTORIN

Mari Nil arbeitete lange Zeit erfolgreich als bildende Künstlerin, bis sie Ende der 1990er-Jahre aufgrund gesundheitlicher Probleme begann, sich intensiv mit Meditation zu beschäftigen. Innerhalb kurzer Zeit eröffneten sich ihr bislang unerkannte psychische Ressourcen: Hellsichtigkeit, Hellhörigkeit sowie die besondere Gabe, andere zu heilen. Die Autorin bietet zahlreiche Vorträge, Seminare und Meditationskurse an. Sie arbeitet und lebt in Berlin.

MARI NIL

DIE ESSENZ GOTTES

BOTSCHAFTEN DES SEINS

SCORPIO

2. Auflage 2020

© 2020 Scorpio Verlag in Europa Verlage GmbH
© 2011 Trinity Verlag in der Scorpio Verlag GmbH & Co.KG, Berelin München
Umschlaggestaltung: David Hauptmann,
Hauptmann & Kompanie Werbeagentur, Zürich
Umschlagmotiv: Mari Nil
Satz: BuchHaus Robert Gigler, München
Druck und Bindung: Pustet, Regensburg
ISBN 978-3-941837-35-5
www.scorpio-verlag.de

INHALT

VORWORT

Willkommen in der Sphäre der Wunder, der Energien, des »Sehens« und der Kommunikation mit Gott – jene Quelle, aus der jegliche Form, jegliche Schwingung ihren Ursprung nahm.

Mit diesem Buch möchte ich Sie einladen, den Worten und dem Bewusstsein zu lauschen, das ununterbrochen zu mir spricht und mir den Weg weist. Es entstammt nicht meinem begrenztem, wenn auch wachsendem Bewusstsein, sondern etwas weitaus Größerem, etwas, indem wir alle Eins sind. Dieses unendliche ewige Sein, allwissend und alles durchdringend, nenne ich Gott.

Begegnen Sie mit mir Ihren größten Möglichkeiten und Potenzialen, schauen wir ein wenig durch die Form hindurch, um wirklich zu erkennen. Sehen wir mit dem Herzen. Wir können über uns hinauswachsen, wenn wir die Quelle des Seins, die Essenz Gottes, in uns finden und sie verwirklichen. Wir werden sie dann in allem, was uns umgibt, wachrufen – so werden sich Erfüllung, Liebe und Glück in allen unseren Lebensbereichen verwirklichen.

Mit meinem Weg möchte ich verdeutlichen, dass es möglich ist, selbst schwerwiegende Probleme oder Krankheiten in Freude und Heilung zu verwandeln. Schon als Kind erkrankte ich sehr schwer, und die Ärzte teilten meinen Eltern mit, dass sie mir nur ein Prozent Überlebenschance einräumten, wobei dieses bedeuten würde, mit einer geistigen Behinderung zu leben. Der tiefe Glaube an das Leben und die Gebete meiner Eltern ließen mich gesund und unversehrt überleben. Das war das erste große Wunder, was ich erlebte, und es folgten viele weitere.

In über zehn Jahren Heilpraxis erlebte ich, wie viele meiner Klienten nach nur einer Begegnung körperliche Krankheiten nahezu unmittelbar überwanden, destruktive emotionale Muster aufgeben konnten, eine tiefe innere Erfüllung und Frieden sich in ihrem Leben einstellte. Die Möglichkeit, als Mittler zu dienen für körperliche Heilung, kam zu mir wie eine Gabe. Es war, als würde ich mit meinen Händen in das System des Körpers hineingreifen können und als ordneten sie dort die Energien des Körpers, der Seele und des Geistes. Es wurden Energien entnommen, und neue Energien strömten in das gesamte System. Meine Hände stellten eine Verbindung für den jeweiligen Menschen her zu der Quelle des Seins, zu der Essenz Gottes. Die eigene Verbindung des Menschen schien zu schwach oder verloren gegangen zu sein.

Alles geschah aus einer anderen Intelligenz heraus, es waren weder meine Energien noch meine Logik, die hier von Bedeutung waren. Mein Ich war lediglich Beobachter, und manchmal deutete ich die Geschehnisse. Die Liebe, die ich dabei zu jedem Menschen, der zu mir kam empfand, war überwältigend. Viele schwerwiegende Krankheiten lösten sich sofort oder nach sehr kurzer Zeit auf: Migräne, Zysten, Depressionen, Burn-out-Syndrom, Gelenkprobleme, Arthritis, Arthrose, Lähmungen einzelner Körperteile, Krebs, Autoimmun-Erkrankungen, Asthma, unheilbare Augenkrankheiten, Neurodermitis, viele Formen von Schmerzen, chronische Krankheiten ...

Ich lebte in einer Wunderwelt, und jeden Tag fand jemand zu mir, um Heilung zu erfahren. Manchmal wusste ich nicht, wohin mit diesem Meer aus Liebe und Schönheit, welches ich empfand. Es war überwältigend. Den meisten Menschen begegnete ich nur ein einziges Mal, um ihnen ihre Heilung zu überbringen.

Gleichzeitig stellte sich eine Transparenz ein, ich begann zu »sehen« und zu »hören«. Krankheiten bilden sich als dunkle, verstrickte Energien in den Körpern der Menschen ab. Genauso sind Blockaden und andere Muster im Körper zu erkennen, unabhängig davon, ob die Person im Raum anwesend ist oder sich an irgendeinem Ort auf der Welt aufhält. Durch die Kraft des allumfassenden Geistes und die Nähe zur Essenz Gottes lernte ich nun, auch über die Entfernung hinweg Menschen zu heilen und zu klären. Wie der Charakter einer Person sich darstellt und wo sie sich auf ihrem Weg befindet, sind für mich ersichtlich. Ebenso wie der körperliche, seelische und geistige Zustand eines Menschen für mich ablesbar ist. All das ist transparent für mich geworden und fließt mir als Informationen zu. Ich sehe und höre detaillierte Beschreibungen. Für diese Betrachtungen brauche ich lediglich den Namen einer Person und die Stadt, wo sie sich aufhält – es ist, als wäre ich an ein komplexes Informationsnetz angeschlossen.

Wir sind alle miteinander verbunden, und öffnen wir uns dieser Wahrheit, können wir in ihr lesen. In einem jeden von uns schlummern diese Gaben, bis wir sie erwecken. Das vereinfacht das Leben in vielerlei Hinsicht: Ein Ereignis, das vor uns liegt, ist transparent und es ist möglich zu wählen, ob wir es erleben oder etwas anderes kreieren möchten. Die Menschen, die uns begegnen, sind transparent, sie können nichts verbergen.

Dieses Geschenk möchte ich Ihnen in diesem Buch mitteilen,

sodass auch Ihre intuitiven Fähigkeiten erwachen und Sie jeden Tag in einen Zauber von Liebe und Glück hüllen. Meine Lebensaufgabe ist nicht mehr das Heilen einzelner Menschen, sondern vielen, vielen Menschen zu vermitteln, wie sie sich selbst heilen können, ihre tiefen Potenziale erwecken und zum Strahlen bringen. Meine Botschaft ist auch, wie wir alle lernen können, anderen Liebe und Hilfe zu vermitteln und der Erde, unserem wunderschönen, blauen Planeten Regeneration und Heilung zukommen zu lassen.

Meine Reise führt über verborgene Täler und unwegsame Pässe in das strahlende Etwas, das uns allen innewohnt: die Essenz Gottes. Lassen wir uns nicht beeindrucken von Schmerz, Kummer und Not, denn nur durch Mut und Lebensfreude entziehen wir diesen Zuständen die Macht, uns zu vereinnahmen.

So flackerte auch vor einigen Jahren meine Lebensflamme erneut bedrohlich und schien einen Abschied, eine Umwandlung anzudeuten. Doch durch die Nähe zur Essenz Gottes wich das, was wir Krebs nennen, einer neuen Kraft, einer noch größeren Transformation, sodass das göttliche Licht noch heller scheint.

Möge dieses Licht durch jede Zeile des Buches zu Ihnen finden, Sie und Ihren Weg durchstrahlen, und möge die Schwingung von Liebe Ihr Herz berühren.

Verwirklichen wir nun die Essenz Gottes in jedem Moment unseres Lebens. In den ersten Kapiteln des Buches wird der Zustand der Erde beschrieben und die große Bedeutung dessen erklärt, dass wir für alles das, was wir denken, fühlen und tun, Verantwortung übernehmen sollten. Sie erfahren von der Möglichkeit, Energien zu verwandeln und warum Energien und Schwingungen, die wir ausstrahlen, verstärkt zu uns zurückkehren. Die Wirkungen von Energiefeldern werden beschrieben, die unserer Familien und die der Orte, an denen wir leben. Persönliche Themen folgen wie Partnerschaft und Manifestierung. Sie erlernen die Kernübung, wie wir mit der Essenz Gottes Kontakt aufnehmen, sowie Wege, wie wir Wunder bewirken und uns mit den himmlischen Helfern verbinden können.

DANKSAGUNG

Ich möchte der Essenz Gottes danken. Gott oder die Quelle allen Seins diktierte mir dieses Buch. Mein Ich, mein Denken, meine Betrachtungen waren dabei vollkommen bedeutungslos. So schrieb ich das Buch nieder und wusste nicht einmal, wie ein begonnener Satz enden würde, geschweige denn, mit welchem Inhalt die Kapitel sich füllen würden, um den tief greifenden Segen für uns zu erschließen.

Mein persönliches Denken ist nichts in Anbetracht der Größe und Kraft, die dort erscheinen. Webte meine persönliche Auffassung ihren Horizont in die empfangenen Botschaften, hörte Gott oder die Stimme augenblicklich auf zu diktieren und ließ mich erkennen, dass es um das Zuhören beim Schreiben dieses Buches ging.

Allen Menschen und himmlischen Kräften, die mir helfen, diese Botschaften der Liebe und des Einsseins, in die Welt zu bringen, um dieses Wissen für uns alle zugänglich zu machen, möchte ich an dieser Stelle meinen tiefen Dank ausdrücken. Vielen, vielen Dank an all die Menschen, die mir helfen, dieses Buch in der physischen Welt erscheinen zu lassen!

Danke!

1 DIE EINHEIT ERKENNEN

DAS GESCHENK ZU KREIEREN

So gewaltig und großartig es klingt: Wir besitzen das göttliche Geschenk. Es ist unsere ureigene Natur, ständig gestalten zu können.

Alles und jeder Mensch ist aus sich heraus erschaffende Natur
und wir kreieren beständig das, was wir als unsere Realität
empfinden, was wir erleben, wie uns die Welt begegnet.
Das ist das gesamte Prinzip der Schöpfung.

Diese Tatsache sollte in unser Bewusstsein Einzug halten, dann ist jeder Moment unseres Lebens ein kostbarer Schlüssel zu unseren größten Potenzialen. Begreifen wir diese Wahrheit auch nur im Ansatz, beginnen wir unser Leben sofort im jetzigen Moment grundlegend zu verändern, es in eine positive und bewusstere Richtung zu lenken.

Dieses Kreieren bezieht sich nie nur auf besondere Momente der Konzentration, des Planens, Meditierens oder Sequenzen der Übung, es findet tatsächlich immer statt. Jetzt, hier, fortwährend, immerdar. Wir sind ständig damit beschäftigt, unsere Wirklichkeit zu gestalten, auch wenn wir es nicht bemerken.

∞

Bei uns selbst liegt damit jegliche Verantwortung für alles, was in uns und um uns herum geschieht.

Denken wir an Probleme, erzeugen wir Probleme; denken wir an Lösungen, erzeugen wir Lösungen. Alles folgt unserer Intuition, unserer Bestimmung, und geschieht als Resonanz, als sichtbar gewordenes Ereignis. Alles erscheint als Resonanzraum, der das widerspiegelt und wiedergibt, was wir durch unser Handeln, Sprechen und Denken ausdrücken und in die Welt bringen.

Begeben wir uns zum Beispiel in Stress und Hektik oder Ausweglosigkeit, senden wir die negativen Energien dieser Stimmungen und Empfindungen in unser gesamtes energetisches Feld, in unsere gesamten Möglichkeiten. Mit diesen Energien beeinflussen wir unsere Potenziale in denkbar schlechter Weise. Sie verkümmern und bewegen sich in eine Richtung, die wir ganz sicher nicht wünschen. In solchen Momenten bestätigen wir Schwierigkeiten und Problemfelder. Wir verfestigen dann Strukturen von Mangel, Blockierungen oder das Gefühl, ausgeliefert zu sein. Die Schädigungen, die wir so davontragen, ergreifen unser gesamtes System, körperlich wie auch energetisch. Es ist wichtig für uns, diesen Prozess zu erkennen und zu unterbrechen wann immer wir können, um in jedem Moment verantwortungsvoll mit der negativen Beeinflussung unserer Potenziale umzugehen, sie möglichst völlig zu vermeiden.

Eine Möglichkeit dies zu erreichen ist, innerlich immer wieder die Entscheidung zu treffen, selbst reine, klare, positiv ausgerichtete Energie zu sein. Diese Entscheidung sollte sehr strikt innerlich formuliert und ausgesandt werden. Auch muss sie kontinuierlich erneuert werden, um so keinerlei undifferenzierten Raum mehr zu belassen. Wir können dies auf viele verschiedene Arten und Weisen tun, als Vorsatz und als innere Reinigung in der Meditation, als abendliches Gebet, als Erinnerung an das Positive – immer dann, wenn wir die negative Selbstbeeinflussung erleben. Allmählich verkümmern dann Hindernisse und Selbstvorwürfe. Nach und nach heilt unsere energetische Struktur und wir beginnen, uns und unseren Alltag und damit unsere Realität von positiver Energie durchströmen zu lassen.

∞

Die große Herausforderung dabei ist, unsere Freiheit, aber auch unsere Größe und unsere grenzenlosen gestalterischen Möglichkeiten zu begreifen und mit ihnen bewusst und verantwortungsvoll umzugehen.

Unser Anliegen ist, die Rollen, die wir in diesem Leben spielen möchten, zu erkennen, sowie uns grundlegend von unserem inneren Schmerz, unseren negativen Tendenzen zu befreien.

WIR SCHÖPFEN NIE FÜR UNS ALLEIN

Als Folge aus dieser Erkenntnis entsteht Verantwortung, die weit über unsere begrenzte, persönliche Sphäre hinausgeht.

∞

Wir erschaffen nie für uns allein, sondern unbewusst immer in der stillen Absprache mit allen Wesen um uns herum.

Ähnlich, wie wir es in der Natur erleben: Alles befindet sich in einer Symbiose, alles geschieht im Rhythmus mit und für andere Wesen. Ein riesiger Lebensraum, in dem sich alles gegenseitig nährt, dient und bedingt.

Einen Ausschnitt daraus zu betrachten und der Versuch, diesen isoliert zu analysieren, ist fehlerhaft, da es sich um eine künstlich gewählte Abgrenzung handelt, die nicht mit dem wirklichen, unendlichen Feld der Schöpfung übereinstimmt. Nur durch die Erfahrung von Verbindung, durch das Erkennen des Eins-Seins mit allem geschieht Erneuerung und Erweiterung und somit lebendige Qualität für alle Wesen.

Die Idee oder der Ansatz, für sich allein zu schöpfen, zu erfahren, zu leben, muss scheitern, da es nicht existiert, dieses alleinige Ich. Wir erschaffen immer in Absprache, im Kollektiv, in energetischen Feldern. Familien sind solche Gruppenfelder, berufliche Gruppenfelder existieren, so wie eine Stadt, ein Land ein solches energetisches Feld ist. Auch die gesamte Menschheit erzeugt ihre eigene Schwingung, ihre eigene bestimmte energetische Qualität. Die uns umgebende Natur ist ein Feld aus Energien und Schwingungen. Als lebendiger Teil dieses irdischen Felds unterziehen wir uns dessen Schwingungsniveau, was Lebensformen, Lebenserwartungen und Vorstellungen vom Leben entspricht.

Diese Qualität von Gruppengefügen möchte betrachtet und verstanden werden, und wir sollten es als unsere Aufgabe begreifen, die uns umgebenden Schwingungsfelder zu harmonisieren, zu transformieren und somit in eine höhere Ordnung und Qualität zu bringen. Dazu gehören humanitäre, medizinische Erkenntnisse ebenso wie philosophische und mystische Entdeckungen, aber auch und ganz wesentlich das Erkennen unserer Verantwortung und unseres Anteils an Informationen, die wir in dieses Feld hineingeben. Kein Wesen oder Leben kann abgetrennt vom gesamten Raum existieren. Gab es einen Menschen oder eine Gruppe von Menschen, die eine neue Erkenntnis gewonnen haben, die zum Beispiel ihren Ursprung oder ihre wahrhaftige Größe erkannt haben, so wurde dieses für das gesamte Niveau des Schwingungsfeldes Mensch erreicht. Wir sind es! Wir leben wie ein einziger großer Organismus, den wir Mensch nennen können. Alles, was in diesem Organismus geschieht, betrifft uns kollektiv als Menschheit. Das Prinzip der Einheit ist das nahende Zeitalter – der Gedanke der Zersplitterung ist ein kläglich gescheiterter Prozess, dem wir längst entwachsen sind.

Die Möglichkeit oder das Bedürfnis, Verantwortung auf andere oder auf unsere besonderen Lebensbedingungen zu schieben, verhindert jedes individuelle und damit unser kollektives Wachstum.

Naturvölker oder auch Mystiker vor Tausenden von Jahren waren sich dieser Komplexität bereits bewusst. Isoliertes Betrachten führt zum Scheitern. Die daraus folgende Wahrheit der Einheit führt uns in eine warme, strahlende Erweiterung unseres Daseins als Mensch.

UNSERE GRÖSSE ALS TEIL DER EINHEIT ERKENNEN

Was bedeutet das nun für uns in diesem Moment als individuelle Wesen?

Wenn wir uns dieser Aussage, dieser Wahrheit annähern, dass wir unsere eigene Realität bestimmen und damit die Realität von allem, was uns umgibt, verändern wir uns bereits. Wir erkennen, dass unsere Entscheidung zum Positiven durch uns auf alle ausstrahlt, die mit uns leben. Es beginnt in uns zu arbeiten. Wir bemerken, wie neue komplexe Gedankengänge erscheinen. In unserem Gehirn entstehen neue Verknüpfungen, und neue biochemische Ausschüttungen für unseren Körper sind das Resultat. Unsere Auffassungsgabe, unser Handlungsspielraum erweitern sich. Das Weltgeschehen ist dann nicht mehr etwas, was wir von außen betrachten, sondern etwas, was den gesamten Organismus Mensch betrifft und berührt und in dem wir täglich eine wichtige Rolle spielen.

An diesem Punkt der Entwicklung geht es darum, die Größe, die Vollkommenheit zu erkennen, die möglich ist.

Das Hier und Jetzt ist unser Kreationsraum,
wir haben die Möglichkeit, auch das scheinbar Unmögliche
wahr werden zu lassen.

Wir müssen den Versuch unternehmen, uns immer wieder zu öffnen für die Weite und die Liebe, die uns umgibt. Der uns umgebende Raum möchte durchdrungen und erkannt werden. Die uns von allen Seiten bedrängende Negation hat unseren Sinn für das Mögliche vernebelt. Es ist ein Dickicht negativer Energie in unserer Welt entstanden, die uns immer wieder beeindrucken und behindern möchten. Doch wir haben die Fähigkeit, all das aufzulösen!

Die Begriffswelt mit den Gesetzen der Endlichkeit, der Bedingungen und den Beschränkungen, insbesondere der Kriege und des Schmerzes, ist ein veraltetes Modell. Unser kollektives Bewusstsein zeigt uns an, dass dieses Modell der Auflösung geweiht ist und auf allen Ebenen verabschiedet werden muss. Der individuelle Aspekt dieser Erneuerung wird sichtbar: Jedes Lebewesen ist hier verwirklicht, um in diesem Moment eine tiefgreifende Erneuerung zu erfahren, dieses neue Bewusstsein zu erschaffen, um daraus Realitätsfelder zu erzeugen.

Der Kernpunkt bei diesem Bewusstseinswandel ist die Tatsache, dass wir selbst all das erschaffen haben, was wir fühlbare und sichtbare Realität nennen. Wir allein tragen dafür die Verantwortung. Aus diesem Grund liegt es auch bei uns, Schönheit und Heilung in diese Realität zu bringen, sodass lebenswürdiges Leben entstehen kann für Mensch, Tier, Pflanze, Mineral und den Planeten Erde sowie den gesamten kosmischen Raum, der uns umgibt.

Entzünden wir in uns diese Flamme des Bewusstseins, werden wir morgen aufwachen und einen neuen Tag begehen, voller Verantwortung, Liebe und Vergebung. Nichts und niemand ist schuld, außerhalb von uns Selbst. Beginnen wir diesen Gedanken auch nur ansatzweise in uns aufzunehmen, sind wir bereits in der Lage, die tiefgreifende Veränderung zu vollziehen.

Die Chaostheorie lehrt uns, dass selbst kleine unscheinbare Ereignisse zu massiven Veränderungen und Erschütterungen führen können.

Aber wir haben bisher nicht ausreichend Notiz davon genommen,
welch eine Macht und Größe in jedem Leben wohnt.

Diese Größe drückt sich unentwegt aus, wir können uns nicht davor verstecken und simulieren, klein und bedeutungslos zu sein. Die Transparenz und die Aufgabe, Verantwortung zu übernehmen, werden zunehmen. Die sich weiter entwickelnde Technologie verdeutlicht zusehends Transparenz und Verbundenheit.

Das Prinzip der Entmachtung des Individuums entstand aus
Gier derjenigen, die Macht an sich rissen, sowie aus Angst und
Ohnmacht der Menschen, die sich diesem Prinzip beugten.

Ein künstliches Gefüge, das sich immer wieder in periodisch wiederkehrenden Zyklen der geschichtlichen Epochen auflöste, eine Ordnung, die niemals von Dauer sein kann, da sie dem grundlegenden Prinzip der Schöpfung widerspricht und immer wieder zum Scheitern führt: Das in uns vorhandene schöpferische Prinzip kennt keine Gefälle, keine Grenzen, keine Limitationen, eher einen permanenten Prozess von Wachstum, positiver Verwirklichung, Wandel und Vielfalt.

Wir haben in diesem Moment die tiefgreifende Möglichkeit der Erneuerung dieses veralteten Realitätsmodells. Der erste Schritt ist die Übernahme jeglicher Verantwortung, für unser eigenes Leben, für den Zustand der Erde und für die Ereignisse, die wir beobachten. Das scheint zunächst einmal sehr schwierig, vielleicht sogar unmöglich zu sein, aber das ist es keineswegs.

WAS SENDEN WIR UNENTWEGT AUS?
JEDE BOTSCHAFT VERSTÄRKT SICH

Alles um uns herum sind sich verändernde und vibrierende Informationsfelder. Aus uns heraus strömen Schwingungen, die, indem sie sich mit ähnlichen Schwingungen verbinden, zu immer größeren Feldern werden, so allmählich an Dichte gewinnen und damit auch auf der materiellen Ebene erscheinen. Durch diese Interaktionen und Anlagerungen entstehen permanent große Kraftfelder, die rund um den Globus aktiv sind.

Was ist es? Was senden wir unentwegt aus? In welchem Wahrnehmungsgrad befinden sich unser Bewusstsein und unsere Beobachtung bezüglich der von uns ausgehenden Energien?

Dieser Analyse sollten wir uns fortwährend unterziehen, um in einen wirklichen Wachstums- und Verantwortungsprozess zu gelangen, denn nahezu alle Menschen erschaffen für sich selbst sowie für ihre Gruppengefüge und für die Erde permanent eklatante Problemfelder.

Es sind vielleicht mehr als 90 Prozent der Bevölkerung, die unentwegt ungelöste, zerstörte Energiefelder produzieren und aussenden – Energiefelder von Mangel, Übervorteilung, Schmerz, emotionaler oder physischer Natur sowie von Neid, Hass und Gewalt, insbesondere Gewalt und Brutalität in dem Umgang mit anderen Menschen, Tieren, Pflanzen und Mineralien. Die Ausbeutung dieser Lebensformen ließe sich in einer langen Liste fortführen. Diese Energie, diesen Ausdruck hat das Leben auf der Erde erhalten und es liegt nun bei jedem Einzelnen, dieses zu revidieren und zu verändern. Beginnen wir, in die von uns ausgehende Energie Gefühle von Einheit, Mitgefühl und von Liebe hineinzugeben, werden sich diese Strukturen verändern.

Ebenso bedeutungsvoll ist das Bewusstsein von Verantwortung, Weite und Liebe als menschliches Wesen. Dadurch werden unsere erzeugten Informationsfelder in die vorhandenen gestörten Bereiche gelangen können. Es ist die tiefe, aufrichtige Intention, die es ermöglicht, dass unsere Aussendung von Energie in die zerstörten Programme eindringen kann, um diese zu reparieren und zu verwandeln. Damit geben wir unserer Energie ein Empfängermodul, ein Adressfeld.

Alle von uns ausgesandten Energien interagieren mit uns als Erzeuger und kommen in verschiedenen Bildern, Mustern sowie als Ereignis zu uns zurück. Zusätzlich lagern sich ähnliche Schwingungsfelder an, sodass sich unsere ausgesandten Energien enorm verstärken. Entscheidend ist: was senden wir aus? Was sind das für Schwingungsfelder, die wir erzeugen?

Alles, was ein Mensch denkt, jegliche Handlung, ist ein aktives Feld.
Es kehrt in ausgeprägter und intensiverer Form zu
dem Menschen zurück, der es erzeugte, da es sich mit ähnlich
ausgerichteten Feldern verbunden hat.

Unsere Energie, die wir aussenden, hat immer die Tendenz, sich zu verstärken, größer und kraftvoller zu werden – so wie alles dem Prinzip von Wachstum folgt. Es gibt keine Neutralität oder Ruhepause in diesem Prozess. Alles unterliegt dem Gesetz der Intensivierung. Versuchen wir die Abstraktion dieser Aussage zu veranschaulichen: Ein Bild für diesen Vorgang ist der Same, der gesetzt wird. Mit dem Unterschied, dass der Nährboden und ausreichende Wasserzufuhr keine Variablen darstellen, sie sind immer gegeben. Die Energie ist vollkommen neutral, ihre Ausprägung ist der Dienst, das abzubilden, was hinein gegeben wird. Wir wissen, wie klein ein Same ist in Bezug zu der Größe der aus ihm entstandenen Staude oder gar der eines Baumes. Und wie dauerhaft eine Pflanze, ein Gewächs bei guter Nährstoffversorgung gedeiht, ebenso, wie viel Tausende von Samen eine Pflanze in nur einer Saison produziert. Das Ergebnis ist gigantisch.

Ähnlich verhält es sich mit unseren Aussendungen: Sie sind von Dauer, vergrößern sich permanent und erzeugen aus sich heraus eine neue Vervielfältigung. Das ist ein unvorstellbar intensiver Vorgang. Nur haben wir ihn noch immer nicht verstanden und nutzen diesen eher als einen sich selbst verschlingenden Negativprozess. Das ist tragisch.

Der Zustand der Welt könnte ebenfalls als tragisch angesehen werden. Davor möchten die Menschen gern die Augen verschließen, doch selbst die Ebene von Verstand oder Rationalität deuten, eine mögliche Katastrophe an.

Es ist allerhöchste Zeit, aufzuwachen, die persönliche Ebene einen Moment lang beiseitezuschieben und die gegebenen Möglichkeiten zur Erschaffung einer konstruktiven und erlösten Welt zu erzeugen. Ein jeder Mensch ist dazu in der Lage und besitzt diese wunderbaren Fähigkeiten.

Der Richtungswechsel der Gedanken und Emotionen, die Verantwortungsübernahme sowie die Neueinordnung der eigenen Perspektive sind notwendige Faktoren für diese Neugestaltung unserer Welt.

DIE NEUORDNUNG DER PERSPEKTIVE – WIR ALLE KÖNNEN POSITIV VERÄNDERN

Die Neueinordnung der Perspektive bedeutet vor allem, sich der eigenen Größe, Kraft und Möglichkeiten bewusst zu werden. Die wirklich große Perspektivverschiebung ist jene, in der der Mensch nicht mehr nur Teil eines Gefüges ist, sondern letztendlich all das, was ihn umgibt. Jede Beobachtung, jede Wahrnehmung, jede Begegnung, jede Situation ist der Mensch selbst.

Es gibt keine Trennung und kein Ich. Es gibt nur die letztendliche Einheit von alledem. Für das Ich ist diese Aussage nicht nachvollziehbar, genauso wenig wie für unseren Verstand. Solange wir in diesem Glaubenssatz der Abgrenzung leben, wird es wenig wahrhaftigen Fortschritt geben.

Die Schwelle zum neuen Denken, zum Paradigmenwechsel, ist das Aufgeben des Standpunktes einer Abgrenzung. Hier liegt der Entwicklungsschritt zu den nächsthöheren Evolutionsebenen. Lassen wir diesen Gedanken oder dieses Konzept auch nur einen Augenblick zu, sind wir bereits angelangt. Dann haben wir diesen Quantensprung bereits vollzogen.

In alten Traditionen und Lehren der Mystik finden wir dieses Wissen bereits. Ebenso finden wir viele Übungen, Meditationen und Wege der inneren Haltung und Ausrichtung, die dorthin führen. Das ist wunderbar, denn diese Entschlüsselung ist bereits lange bekannt und weist uns jetzt den Weg aus der Enge unseres Realitätsbewusstseins.

Dieser Weg könnte sein, sich mit allem eins zu fühlen und so Mitgefühl und Liebe für alle Belange und Perspektiven zu entwickeln. Gleichzeitig könnten wir das Bewusstsein verankern, dass es möglich ist, für all das, was sich in Not oder in einem katastrophalen Zustand befindet, eine Veränderung zu bewirken, die zur Linderung und zum Positiven führt.

Nur auf einem solchen Weg erzeugen wir Kraftfelder, die Lösungspotenziale für Menschen, Länder, Kontinente, alle Lebewesen, Natur und Klima beinhalten. Schauen wir hingegen weg und beklagen uns, wie schrecklich die Ereignisse sind, bestätigen wir den sich fortsetzenden schmerzvollen Zyklus.

Vielleicht haben wir an dieser Stelle den Eindruck: »Aber was kann ich schon ausrichten? Was kann ich tun? Ein Gedanke, was bedeutet das schon?«

Dies wäre eine Haltung, mit der wir Ohnmacht und einen Mangel an Selbstvertrauen bestätigen und auch, dass wir in keiner Weise wahrnehmen, was es bedeutet, Mensch in dieser kostbaren Zeit zu sein. Wir könnten uns an dieser Stelle vor Augen führen, wie es uns möglich war, derartige Negativgefälle und Problemfelder für Menschen und Lebewesen zu erzeugen. Dies ist innerhalb weniger Zeitepochen geschehen. Genauso schnell und grundlegend könnte sich ein positives Weltgefüge einstellen.

Das sind einfache Tatsachen, fernab von Spekulationen, Mystik und spiritueller Perspektive. Wir bestätigen Ungerechtigkeiten, Hass, Gier, Armut permanent durch Ausblendung und durch fehlendes Verantwortungsgefühl. Genauso gut könnten wir durch eine innerlich friedliche Haltung und wachsende Transparenz unserer Märkte und der Verteilung unserer Konsumgüter eine neue Lebensqualität entwickeln. Dabei geht es nicht darum, einen inneren oder äußeren Kampf auszufechten, sondern einfach nur um Liebe und Mitgefühl für uns selbst als menschliches Wesen. Durch Kampf und Ausgrenzung würden wir erneut Kampf und Ausgrenzung erzeugen.

Wir alle sind momentan damit beschäftigt, diesen inneren Wandel zu vollziehen, dieses neue Bewusstsein zu entwickeln. Vielleicht spüren wir die zunehmende Anstrengung und Hast, die durch alle alten, herkömmlichen Verhaltensweisen ausgelöst werden. Der Eindruck von Enge und Ausreizung der Märkte entsteht mehr und mehr. Der nächste Wachstumsschritt wird im Inneren stattfinden und nicht in äußeren Bereichen, weniger indem wir immer neue »Zielgruppen« erobern. Der innere Wachstumsschritt ist das Gewahrwerden unserer Möglichkeiten als Mensch.

Lassen wir ein Bild entstehen, der Mensch sei ein einziger Organismus und in ihm liege die Fähigkeit, diesen Organismus zu reparieren, zu heilen und zu einer neuen Blüte und Schönheit zu führen.

Der übergeordneten Betrachtung nach sind wir wie ein einziger Organismus und wir haben die Fähigkeit, dieses Wunder der Heilung zu vollziehen. Jeder einzelne Mensch ist bedeutungsvoll für diese Umwandlung, und je mehr Menschen sich dieser großen Betrachtungsweise anschließen, umso kraftvoller und schneller geschieht diese Verwandlung. Wir sollten keine Zeit verlieren, in diesen Prozess der Verwandlung einzutauchen, um Liebe und Mitgefühl auszustrahlen und so gleichzeitig Vertrauen in unsere eigene Kraft und Größe zu entwickeln.

Aber was bedeutet das für mich im täglichen Leben? Was kann ich praktisch tun, um positive Energie in mir zu verstärken und sie meiner Umwelt darzubringen? Um mit der Verwandlung zu beginnen, können wir mit einer einfachen, praktischen Übung anfangen.

MEDITATIONSÜBUNG

➤ Suchen wir uns einen Ort, an dem wir Ruhe und Frieden finden können und ungestört sind. Lassen wir uns bequem nieder, finden wir eine Position, in der wir unseren Körper kaum wahrnehmen. Dann beginnen wir bewusst zu atmen. Wir atmen tief und langsam. Eine tiefe Bauchatmung und ein verlängertes Ausatmen entspannt uns und hilft uns, unsere Aufmerksamkeit nach innen zu richten.

➤ Nun atmen wir all das ein, von dem wir den Eindruck haben, es fehle uns und dessen Präsenz wir erleben möchten.

➤ Atmen wir die Schwingung von Liebe ein, bedingungslose Liebe. Dann atmen wir Liebe aus und bringen sie der Welt und allen Lebewesen um uns herum dar. Jeder Atemzug besteht nun aus dem Ein- und Ausatmen von bedingungsloser Liebe.

➤ Dann atmen wir Heilung ein und aus; vollkommene

Gesundheit erfüllt jede Zelle unseres Körpers. Beim Ein- und Ausatmen verbinden wir uns mit dem Gedanken, Heilung und Gesundheit für die gesamte Schöpfung in den Raum zu geben.

➤ Wir können inneren und äußeren Reichtum einatmen und diese Qualität beim Ausatmen allen Menschen darbieten.

➤ In dieser Übung atmen wir all die hohen Qualitäten ein und aus, um sie uns selbst und dem schöpferischen Raum um uns herum darzubringen.

➤ Jede Sequenz eines Themenbereichs können wir 5–10-mal beatmen und dann zu einem anderen Thema übergehen. Wir werden damit den Raum um uns herum und uns selbst verwandeln. Üben wir dies täglich nur 5 Minuten für einige Monate, wird sich unser Leben vollkommen verwandeln, hin zu mehr Liebe und zur Heilung. Alles ist schöpferischer Raum und somit verwandelbar.

Bringt uns diese Übung in die Essenz Gottes? Sie hilft uns, positiv auf unser Inneres und das uns Umgebende einzuwirken. Sie befreit uns von einem Negativkreislauf der Gedanken. Es ist sehr wichtig diesen zu durchbrechen, um Glück, Heilung und materielles Wohlergehen erzeugen zu können. Wir ersinnen uns kraftvolle positive Felder, die wir beatmen. Unser Atem ist bereits ein Umwandeln von Stofflichkeit und Informationen. Im Laufe des Buches werden wir lernen, uns allmählich auf die Essenz Gottes einzuschwingen. Die Essenz Gottes löst in uns tiefe Freude, Glück, Leichtigkeit, Geborgenheit, Einssein und auch Heilung für unsere Zellen aus.

Unsere Seele ist ein individualisierter Moment dieser Essenz Gottes. Der tiefste Ursprung in allem und in uns selbst ist die Essenz Gottes, jenes Feuerwerk aus Liebe und Glück, das wir entdecken können, aus dem wir uns verwirklichen können.

Gehen wir weiter auf die Reise zu uns selbst und zu allem, was ist und erscheint in dieser Wunderwelt.

HINWENDUNG AN UNSER INNERES LICHT

➤ Erschaffen wir alles aus der inneren Quelle, der Essenz Gottes.

➤ Erinnern wir uns an die vollkommene, heile und immerwährende Substanz, die Essenz in unserem Inneren, unserem Herz- und Seelenraum. Lassen wir unser Bewusstsein immer wieder dort hineintauchen, ein Bad in dem reinen unendlichen Licht aus purer Liebe nehmen, dem Quell oder dem Feld der vollkommenen Möglichkeiten. Dort angekommen, geben wir uns den inneren Auftrag, aus dieser Quelle, aus dieser reinen Essenz zu schöpfen und zu kreieren, das, was wir unseren nächsten Moment nennen.

➤ Mit dieser Hinwendung erreichen wir, aus der Vollkommenheit heraus zu wirken, nicht mehr aus jenen Momenten, die wir als unsere Bedürftigkeit empfinden. Damit erneuern wir hier keine schmerzvollen Realitätsbilder, sondern erschaffen aus unserer Vollkommenheit. Es bedarf nur einer inneren Wahrnehmung dieser Kostbarkeit, einer Bewusstwerdung. Die Welt der

Sichtbarkeit ist unser eigener Schöpfungsraum; erschaffen wir nun aus unserer unendlichen, immerwährenden Substanz.

➤ Diese Vorgehensweise ist weit mehr als eine spirituelle Übung oder eine Meditationstechnik, sie ist das Bild der Zukunft, des Paradigmenwechsels. Mit ihr erneuern wir nicht mehr die Welt des Mangels und des Schmerzes, sondern nähern uns einem neuen Menschsein an. Durch diesen Bezug zu unserer inneren Essenz und das bewusste aus ihr heraus Erschaffen entsteht der große Wandel.

➤ Versuchen wir aber diese wunderbare Substanz in etwas hinein zu zwängen, was wir uns erdachten, was unserem Ego entsprungen ist, wird es nicht funktionieren. Die Liebe und das Wissen, das diese Essenz in sich birgt, ist die höchste Form von Intelligenz und Schöpfungskraft. Lernen wir, uns an diese innere Quelle, an die Essenz Gottes zu wenden und aus ihr heraus zu kreieren, erschaffen wir ein Leben voller Schönheit, Liebe, Gesundheit, Reichtum und Glück.

➤ Der Schlüssel zu diesem Wunder liegt in uns und versetzt uns in Staunen. Nähern wir uns an, lernen wir mit unserem inneren Wunderwerk zu kreieren.

2 LIEBE, MITGEFÜHL UND VERTRAUEN IN DER ZEIT DES WANDELS

Liebe, Mitgefühl und Vertrauen sind die Kräfte, die entscheiden, wie wir aus diesem Strom der sich nun verändernden Energiefelder hervorgehen. Es sind jene Werte, deren Verankerung und Verinnerlichung in unserem Energiefeld die entscheidenden Qualitäten hervorrufen. Dadurch beginnt die Annäherung an eine neue Epoche.

Momentan befinden wir uns in einem massiven Reinigungsprozess, in einer Läuterung. Erkennen wir diesen tiefgreifenden Reinigungsprozess und sind uns darüber bewusst, was geschieht, strahlen wir diese neue Kraft des Einheitsbewusstseins bereits aus.

Der Kernpunkt dabei ist: Nichts findet
außerhalb von uns statt.
Alles ist eins. Die Illusion der Abgrenzung befindet sich
bereits im Untergang.

Ein jähes Ende, das aber einem weitaus größeren und schöneren Bewusstsein Platz macht. Es ist der Aufschrei oder das Klammern an alte Strukturen, der diesen Prozess schmerzvoll werden lässt. Geben wir uns dem Wandel hin, dem Einheitsbewusstsein, erleben wir ihn als inneren Wachstumsprozess. Jeder veraltete Gedanke, jeder überkommene Glaubenssatz kann unmittelbar in eine größere, gültige Relevanz gebracht werden, allein durch die Ausrichtung auf Liebe und Mitgefühl.

Sicherlich bedarf es einiger Übung, diese Qualitäten von Liebe, Mitgefühl und Vertrauen zu entwickeln. Wir sind es eher gewohnt, Erfolge durch starre Konzepte oder durch Kontrolle zu erreichen. Das sind Ausdrucksformen der Verstandesebene in uns. Diese Ebene beruht auf Anstrengungen und Begrenzungen, auf dem Eindruck, wir müssten durch unseren persönlichen Krafteinsatz überzeugen. Begeben wir uns hingegen in unsere wahre Natur, unsere wahre Größe, existieren keine Widerstände.

Dort entsteht eher das Bild eines Flusses, ein Strom, der von der Quelle unaufhörlich seinen Lauf nimmt, um schließlich in etwas viel Größeres, in einen Ozean, eine Einheit, zu gelangen. Widerstände werden dabei umspült und aufgelöst. Die Bahn eines Flusses ist nicht geradlinig, sondern geschwungen und organisch. Ähnlich verhält es sich mit unserem Bewusstsein: Eine natürliche Kraft in uns treibt uns an und gibt uns die Energie zu wachsen und fortzufahren, um in eine größere Gewissheit zu gelangen.

Sind wir erst einmal in der Lage, in uns ein »heiliges Licht« zu erkennen, ein ursprüngliches Feld, ein Fluidum, das sich unentwegt ausdrücken und wachsen möchte, sind wir angelangt in diesem tiefen, inneren Glück. Dieses Feld kennt keine Einschränkungen, keine Grenzen und keinerlei Erschöpfung, wenn es um die Verwirklichung unserer größten Potenziale geht.

Nur: Wie gelangen wir dorthin? Wie leben wir aus diesem besonderen Feld, aus diesem »heiligen Licht«? Wie verwirklichen wir uns ohne Widerstand?

Der erste Schritt dorthin ist eine Veränderung unserer Perspektive. Erkennen wir an oder ahnen wir, dass dieses Feld bereits in uns existiert, geben wir diesem besonderen Feld bereits Raum und Ausdruck in unserem Bewusstsein. Dadurch erscheinen augenblicklich neue Lösungen, neue Wege, die sich uns eröffnen. Oftmals sind dies Lösungen, die wir aus der Verstandesebene heraus nicht einmal erhofft hätten. Alles beginnt sich zu fügen. Die Menschen, die Energien um uns herum folgen instinktiv diesem Impuls, sich diesem Richtungswechsel hinzugeben und bieten Unterstützung, Hilfe und Synergien an, um an der Verwirklichung teilzuhaben. Begegnen wir dieser unendlichen Intelligenz in uns, vertrauen diesem Wissen und geben uns diesem Fluss hin, entsteht der große Wandel in das goldene Zeitalter, von dem so oft gesprochen wird. Es beginnt mit einem persönlichen Prozess der Hingabe – wir lassen durch uns geschehen. Wir geben uns dieser unendlichen Intelligenz hin.

Wichtig hierbei ist die Entdeckung, dass dieses innere Feld aus Liebe, Freude und Leichtigkeit bereits in uns vorhanden ist. Bei nahezu allen Menschen befindet es sich in der Herzgegend ihres Körpers, bei einigen wenigen ist es ein über dem Kopf schwebendes Feld.

Eine Übung könnte sein, wie wir aus diesem vollkommenen Feld in uns einen Energiestrom erschaffen. Wir selbst geben lediglich Impulse oder Vorschläge, wohin dieser energetische Strom fließen sollte – zu dem, was wir für uns persönlich, in diesem Moment, als wichtig erachten wie zum Beispiel Gesundheit, Liebe, Wohlstand, Erfolg, spirituelles Wachstum. Dann lassen wir diese unendliche Intelligenz und Energie dorthin fließen. Diese Intelligenz wird alles auf eine vollkommene Weise neu ordnen und auf das Höchste verwirklichen, denn diese Energie ist mit allem verbunden. Auf dieser Ebene ist bereits alles eins und nahezu alles ist möglich.

Dieser intelligente, vollkommene Energiestrom vermag andere Menschen zu berühren und zu mobilisieren. Die einzige Voraussetzung für das Gelingen dieser Übung ist, dass wir dieses Gewahrsein erkennen können und uns diesem vertrauensvoll hingeben. Unsere Absicht sollte eine reine, klare und aufrichtige Intention verfolgen.

Lesen wir Biografien von Menschen, die in sich diese Kraft, dieses Energiefeld spürten und ihren Weg unbeirrt durch alle scheinbaren Schwierigkeiten hindurch weiter voran gingen, kann uns das zusätzlich als Kraftquelle dienen.

Es ist kein weiter Weg, denn diese Möglichkeit ist in uns vorhanden und jeder Mensch, der diesen Weg wählt, hilft allen anderen, da es in das Bewusstseinsfeld der gesamten Menschheit einfließt, jenes morphogenetische Feld, auf dem sich jede Entdeckung und jeglicher Bewusstseinssprung abzeichnet und vervielfältigt.

Berühren wir nun durch unsere innere Ausrichtung dieses Feld der unendlichen Möglichkeiten, begeben wir uns gleichzeitig in Kommunikation mit der vollkommenen Intelligenz, aus unserem Leben das wirkliche Glück zu erschaffen. Ein Glück, das sich aus dem Gewahrsam der Einheit und dem Fluss von Wachstum speist.

Vielleicht bekommen wir in diesem Moment Zweifel und Bedenken, denn wenn es so einfach wäre, warum entsteht immerfort so viel Leid, Schmerz, Misslingen, Krankheit und Tod für den Menschen?

Der Grund für diesen Einwand ist jenes in uns, was uns immer und immer wieder zweifeln lässt, was damit Energien von Zweifel, Kleinheit, Zerwürfnis und Angst sät. Vielleicht ist es schwer vorstellbar, aber wir können jeden Moment entscheiden: Öffnen wir uns für das Glück, das Wohlergehen, für die Heilung, oder fahren wir fort mit Angst, Schmerz und Zweifel?

Manches Mal ist das, was wir umwandeln möchten, über unsere persönliche Ebene weit hinausgehend. Wir haben dann unser persönliches Feld erweitert. Wir klären dann den Schmerz, die Trauer und die gefühlte Schuld für unsere Familie oder für eine Gruppe von Menschen, vielleicht sogar für ein gesamtes Land. In diesen Fällen haben wir innere Absprachen getroffen. Wir haben auf einer tieferen Ebene erklärt, dass wir uns für diese Gruppe verantwortlich fühlen und den erlittenen Schmerz oder die gefühlte Schuld bereinigen möchten, indem wir in diesem Leben einen Teil auf uns nehmen wollen, um zu helfen. Das sind tiefe innere Entscheidungen auf der Seelenebene, und sie können als energetischer Reinigungsprozess angesehen werden. Haben wir den Eindruck, wir befinden uns gerade in einem solchen Reinigungsprozess für uns selbst und einer von uns erwählten Gruppe, ist es immens wichtig, um Hilfe und Kraft für die Umwandlung dieser Energien zu bitten, denn diese Energien sind teilweise so tiefgründig, dass sie unser System beeinträchtigen können. Sie können zu Krankheiten, Energielosigkeit und auch zu Misserfolgen führen.

Es ist von entscheidender Bedeutung, die universalen Kräfte um Unterstützung zu bitten. Allmählich werden wir dann spüren, dass Erleichterung eintritt. Dieser Weg der inneren Kommunikation führt uns in eine klarere und veränderte Struktur. Wir werden die Hilfe erhalten.

Ein grundlegender Ansatz von Liebe, Mitgefühl und Vertrauen bedeutet: Alles ist ein weites, unendlich großes Kommunikationsfeld. Alles ist Bewusstsein und reagiert auf unsere Informationen, unsere Kommunikation und unseren Ausdruck. Mit dieser Gewissheit und dem aktiven Umgang damit können wir alles verwandeln.

∞

Wir bringen unser Leben in eine neue Ausrichtung,
wenn wir erkennen: Alles ist ein aktives Informationsfeld.
Ein Feld aus Energie, das mich unterstützen möchte
und mich gleichzeitig abbildet.

Fühlen wir uns energielos, befinden wir uns in einer erfolglosen Phase oder sind wir erkrankt, sollten wir unmittelbar damit beginnen, bewusste Informationen in den universalen Raum zu senden und zu sprechen, um eine Veränderung, eine Heilung herbeizuführen.

Wir können das göttliche Bewusstsein in dem gesamten Raum ansprechen und formulieren, wohin wir gelangen möchten und wie wir uns fühlen möchten. Dieses sollten wir wiederholen und es uns zur Gewohnheit machen – die göttliche Sequenz, die unendliche Intelligenz in allem wird aktiv, um dieses Anliegen zu unserer Realität werden zu lassen.

∞

Die Voraussetzung für den Erfolg dieser bewussten
Kommunikation ist unsere Aufrichtigkeit. Hingabe, Liebe,
Mitgefühl und Vertrauen sind die Schlüssel für die Verwirklichung
unserer höchsten Ziele und unseres höchsten Glücks.

PRAXIS UND ÜBUNGEN ZU MEHR LIEBE, MITGEFÜHL UND VERTRAUEN

Alles ist ein lebendiges Feld voller Informationen und Bewusstsein. Begeben wir uns vertrauensvoll in Kommunikation mit diesem unendlichen Feld, werden wir voller Staunen feststellen können, dass sich unmittelbar Ereignisse verändern und sich ein erweiterter Raum einstellen wird.

STILLE UND AUSGESPROCHENE BOTSCHAFTEN

Unser Herz-Raum ist die Kommunikationsebene, aus der heraus wir versenden und empfangen. Lenken wir unsere Aufmerksamkeit dorthin und beginnen uns auszudrücken. Es können stille innere Worte und Botschaften sein, wie auch laut ausgesprochene Anliegen. Damit haben wir einen aktiven Schritt gemacht in die Lebendigkeit des Feldes um uns herum. Wir werden die Reaktionen unmittelbar beobachten können. Mit dieser einfachen Veränderung unserer Perspektive, dass alles ein lebendiges Feld ist, erheben wir uns aus einem passiven Lebensgefühl in einen aktiven Prozess der neuen Möglichkeiten. Drücken wir nun ehrlich und tiefgreifend unsere Anliegen aus, so wird geschehen, worum wir gebeten haben.

Bei Problemen: Treten vorübergehende Schwierigkeiten oder Gegenteiliges auf, sind es Absprachen von erweiterten Feldern, die wir klären oder vor unserem Herz-Zentrum gelagerte Strukturen aus Angst und Not, die sich zeigen. Bleiben wir in Geduld und Hingabe mit unserem Anliegen und rufen helfende und himmlische Energien herbei, um uns zu unterstützen, dann werden diese Schwierigkeiten durchdrungen und wir werden zu einem neuen Licht gelangen. Hinwendung und aufrichtige Kommunikation werden die gewünschten Ereignisse in unserer Realität führen.

Mit der Ausrichtung auf Liebe, Mitgefühl und Vertrauen erzeugen wir nicht länger eine Realität allein aus unserer Verstandes- oder Gefühlsebene. Das wird als neue Lebensqualität und als Erweiterung unseres Selbst erfahren. Der nächste Schritt ist, unsere innere strahlende Substanz, die Essenz Gottes in unserem Herz-Raum, zu erreichen und aus ihr heraus zu wirken.

EIN STROM AUS LICHT

Eine weitere Möglichkeit ist, diese Substanz oder Sequenz als einen Strom von Licht zu visualisieren. Dieser Strom stellt eine vollkommene Intelligenz dar. Er fließt aus unserem Herz-Zentrum sowie aus unseren Händen in alle unsere Lebensbereiche, die der Neuordnung und Heilung bedürfen. Viele Menschen spüren unmittelbar die Berührung dieses Stromes, die Beruhigung der Atmung und auch Wahrnehmungen in den Händen oder am Körper. Eine tiefgreifende wunderbare Heilsequenz, in der wir uns immer aufhalten können, entsteht.

VERBINDUNG

Jedes Erlebnis, jeder Moment, möchte in ein größeres Feld von Liebe hineingelangen, in eine kosmisch universale Verknüpfung; dann entsteht ein erlöster Moment, dieses Ganzsein, eine Einheit.

Spüren wir Zerklüftung in uns? Gibt es Bereiche oder Teile in unserem Körper, die sich als dunkel oder schmerzvoll beschreiben lassen? Gibt es Bereiche in unserem Leben, die uns erschrecken oder gar beängstigen? Fühlen wir uns manchmal einsam oder verlassen?

All dies sind Rufe unseres Seins, unserer Seele. Alles möchte in die Einheit, in die Akzeptanz und letztendlich in Liebe gebracht werden. Wir können viele Versuche unternehmen und viele Wege auswählen, aber die Essenz all dieser Wege ist, in alldem, was erscheint, die Liebe zu finden. Solange uns dies nicht gelingt, fühlen wir uns kläglich gescheitert und beginnen, uns erneut auf den Weg zu machen.

Manches Mal ist die Verzweiflung so groß und übermächtig, dass sie uns noch weiter von dem entfernt, was uns heilt und nährt. Dann haben wir die Verzweiflung zu unserem Weggefährten, zu unserem Kompass werden lassen. Machen wir uns erneut bewusst: Verzweiflung und Ausweglosigkeit führen uns zu noch mehr Verzweiflung und Ausweglosigkeit. Haben wir begonnen, etwas aus Bedürftigkeit und Mangel in unserem Leben entstehen zu lassen, wird diese Botschaft, dieser Inhalt, dort Ausdruck finden. Betrachten wir zutiefst die Intentionen unseres Beweggrundes und fragen uns: »Was war mein tiefer innerer Beweggrund, aus welcher Intention heraus habe ich gehandelt?« Dann gelangen wir zu jener Information, die wir unbewusst verwirklichen.

Beobachten wir zum Beispiel Menschen, die fröhlich etwas beginnen, scheint alles wie von selbst Erfolg und Glück zu erzielen. Gibt es hingegen eine Ausgangsposition, der ein tiefer innerer Verlust von Liebe oder Selbstachtung zugrunde liegt, hält genau dieses Einzug in das Geschehen. Handeln wir aus Bedürftigkeit, wird das Ergebnis unserer Handlung Bedürftigkeit in sich tragen.

∞

Vergessen wir nicht: Alles ist Information, alles ist Bewusstsein. Und die Qualität, die tiefe innere Botschaft, die ich aussende, gelangt zu mir zurück.

Das ist nicht immer leicht, denn oft sind die tiefen Erschütterungen in uns verborgen. Die tiefen Schmerzen von Nicht-Liebe, die Angst, alles zu verlieren oder kläglich zu scheitern in diesem irdischen Raum, haben wir vielleicht ins Unbewusste abgeschoben.

Beginnen wir nun aber vollkommen ehrlich mit uns zu sein, uns zu beobachten, in dem inneren Verständnis, dass auch wir tiefes inneres Glück, Liebe, Frieden, Gesundheit und Erfolg erfahren können. Unser letztendliches Ziel ist, alles in diesem irdischen Raum wieder in Liebe, Fürsorge und Schönheit zu verwandeln. Das ist, was wir tief innerlich spüren. Etwas, wovor wir uns nicht verstecken können. Das ist der Grund, warum uns Leiden und Ungerechtigkeit so vehement berühren und erschüttern können.

Wir alle kennen das Gefühl, dass uns etwas tief bewegt; auch wenn wir versuchten, uns Panzer um unser Herz wachsen zu lassen: Es ist da, dieses tiefe Gefühl, berührt werden zu können. Jede Berührung ist eine Erweckung, ein Aufwachen, eine Gewissheit, dass wir noch am Leben sind. Wir sollten diese Berührungen feiern, auch wenn wir sie zunächst einmal als unbequem und schmerzhaft empfinden. Sie erinnern uns daran, dass alle Bereiche unseres Lebens uns beflügeln und inneren Frieden schenken können, wenn wir die Liebe in ihnen entdecken.

∞

Stellen wir uns vor, es gibt nur zwei Richtungen: die eine ist die, sich hin zu Liebe und Frieden zu bewegen, und die andere ist die, vor der Liebe zu fliehen oder der Versuch, sie gar zu zerstören.

Alle Problematiken, alle Missverständnisse, selbst Kriege entstehen aus dem Versuch, vor der Liebe zu fliehen und es immer schwieriger werden zu lassen, sie zu erkennen und zu ihr zurückzufinden. Da sich alles in permanentem Wandel oder Bewegungszustand darstellt, befinden wir uns immer in einer von diesen zwei Richtungen. Es gibt keinen Stillstand, es gibt keine Nicht-Bewegung.

Anhand dieses Gedankenmodells können wir sehr einfach feststellen, in welchen Bereichen wir vor der Liebe fliehen und in welchen Bereichen wir sie leben. Verlieren wir den Zustand von Liebe und Akzeptanz, erfahren wir Unruhe; Unfrieden macht sich breit. Immer wieder kreisen wir um die gleichen Thematiken und halten nach Lösungen Ausschau. Die Lösung liegt in uns und ist ein tiefes inneres Feld voller Annehmen und Bewusstwerdung. Letztendlich können wir vor dem tiefen Wunsch, in uns Liebe zu erfahren und dies weiterzugeben, nicht davonlaufen. Wir werden alles immer und immer wieder wiederholen, bis wir es vermögen, bestimmte Thematiken, bestimmte Verhaltensmuster, Begegnungen mit Menschen und vor allem uns selbst anzunehmen und zu lieben.

∞

Um jeden ungelösten Bereich kreisen wir unermüdlich,
bis wir verstanden haben: Allein die Liebe und die Annahme
vermögen die Heilung zu bringen.

Diese überaus simple Formel ist es, die allem zugrunde liegt und die das Leben auf der Erde ausmacht. Bewegen wir uns auf die Liebe zu oder bewegen wir uns weg von ihr? In allem können wir die Sehnsucht nach Liebe und Anerkennung erkennen. Die Art, wie wir uns kleiden und versuchen, schön und gepflegt zu erscheinen. Unser Ausdruck in der Gesellschaft, das Streben nach Erfolg, schönen Autos, Häusern usw. All das ist Ausdruck der Liebe, die wir finden und teilen möchten. Und dann gibt es die Bereiche, in denen das jähe Davonlaufen vor der Liebe Ausdruck und Form annimmt. Solche Formen sind zum Beispiel innerer Groll, Angst, Schmerz, Krankheit, Abgrenzung; auch das ist ein Ausdruck unserer Gesellschaft, unserer Welt.

Untersuchen, beobachten wir uns selbst und beginnen wir, alle unsere Empfindungen, unsere Wertungen aus der Liebe entstehen zu lassen. Das Gefühl, Liebe entstehen zu lassen zu dem, was ich bin, wie ich mich selbst empfinde, ist der Weg zum Glück. Erweitern wir dieses Gefühl allmählich, sodass es alle Bereiche unseres Lebens erfüllt. Wir können lernen, unseren gesamten Körper in Liebe und Frieden wahrzunehmen. Das ist ein immer tiefer gehender Prozess, der uns selbst in Heilung und Einswerdung führt.

Wir alle wissen, wie gut und glücklich wir uns fühlen, wenn wir uns geliebt und angenommen fühlen. Das erweckt große Kräfte in uns. Je tiefer und einzigartiger unsere Liebe ist, umso höhere Dimensionen werden wir damit erreichen. Die Möglichkeit, die Liebe in allem zu erkennen, führt uns in ein fortwährendes Wachstum, zu inneren Reichtum und Glück.

Eine hilfreiche Erkenntnis ist dabei sicherlich, dass wir vollkommen freie Wesen sind; die Möglichkeit, vor der Liebe zu fliehen, uns gegen sie zu sperren, fordert die Akzeptanz und das Mitgefühl aller. Durch den Weg der Nicht-Liebe ist aber viel Zerstörung geschehen, viel Erschütterung ist abgespeichert in unserem großen morphogenetischen Gedächtnis. Viele Menschen haben an Vertrauen, an Offenheit eingebüßt durch diese Erfahrungen.

Aber unsere einzige Chance ist, das alles zurückzubringen in das Gefühl von Liebe und Akzeptanz. Es ist der tiefe innere Beweggrund, warum wir hier sind, jetzt in diesem Moment.

Nehmen wir die These an, dass es nur zwei Bewegungsrichtungen gibt; wenn wir uns dieser Betrachtungsweise öffnen können, erscheint alles in einem neuen Licht. Wir beginnen zu verstehen.

SELBSTKLÄRUNG

Die Frage, die sich daraus ergibt, ist: Bewege ich mich auf die Liebe zu, oder fliehe ich gerade vor der Liebe? Diese Frage lässt sich auf alles anwenden, was uns umgibt. Wir werden spontan erkennen, welche Richtung wir gerade eingeschlagen haben. Nach diesem Prinzip können wir alle Bereiche unseres Lebens in eine klarere Struktur bringen.

Wir können zum Beispiel untersuchen:
➤ Bewege ich mich innerhalb meiner Arbeit auf die Liebe zu?

Wenn nicht, was kann ich verändern, dass ein Richtungswechsel eintritt?

➤ Bewege ich mich mit meinem Körperbewusstsein hin zur Liebe?

➤ Bewege ich mich mit den Menschen, die mich umgeben, hin zu mehr Liebe und Akzeptanz?

➤ Löst der Ort, an dem ich lebe, in mir Liebe aus? Und wie kann ich bewirken, dass ich an einem liebevollen Ort lebe?

Gehen wir mit dieser Frage durch die Welt, erschaffen wir einen heiligen Raum, indem alles zurückgebracht wird in die Liebe, in die Akzeptanz, und somit in die Einheit.

Die Schwingung der Liebe stellt ein kosmisches Feld dar, eine pulsierende Rhythmik, die Energie erzeugt. Ein Feld, aus dem Schöpfung, Erneuerung, Erhaltung kreiert wird. Es ist eine aus sich heraus erschaffende Energie, die entsteht. Ein immerwährender Zufluss von Energie, vergleichbar mit dem, was wir unter erneuerbarer Energie verstehen, in hochpotenzierter Form.

Wir spüren dies intuitiv bei uns selbst, wir fühlen uns angezogen von Menschen, die diese Energie von Liebe ausstrahlen und sie somit in uns erzeugen. Begeben wir uns auf das Schwingungsniveau der Liebe, verändern wir alles um uns herum. So werden wir selbst zum energiespendenden Bewusstsein. Eine ordnende Energie geht dann von uns aus, die Blockaden und Hürden beseitigt. Es ist ein Prozess und wir werden lernen, mehr und mehr von dieser überdimensionalen Kraft in den uns umgebenden Raum zu leiten.

Das Konzept ist, uns mit der Energie von ewiger, bedingungsloser Liebe zu verbinden und sie dann durch uns fließen zu lassen. Das entspricht unserer wahren Natur. Verstehen wir, dass alle Probleme, alles Leid auf dieser Welt durch ein Defizit der Liebe entstanden sind, können wir die tiefe Bedeutung dieser Betrachtung erahnen. Würden wir aus einer höheren Dimension die Bereiche auf der Erde wahrnehmen können, die sich außerhalb der Liebe befinden, würden sie uns als dunkle Felder erscheinen, die sich selbst verzehren, da sie an keinerlei Energiezufluss angebunden sind. Es sind Bereiche, die sich selbst zerstören. Die Not, die dadurch entsteht, ist immens; oftmals werden auch neutrale oder liebevolle Energiefelder mit in diese Zerstörung einbezogen, vergleichbar mit schwarzen Löchern im universalen Raum, in denen Energiefelder einfach verschwinden.

Sind wir von solchen Zerstörungen oder Katastrophen betroffen, machen wir uns bewusst, dass in uns eine immerwährende Substanz existiert, ein Leuchten, unsere Seele. Die Seele ist pure Liebe, und aus ihr erschaffen wir neue Formen voller Weisheit und voller Liebe in stetig wachsender Tendenz. Die Beeindruckung durch Gefahr oder durch Ausweglosigkeit darf uns in keiner Weise dazu veranlassen, die Ebene der weisen, bedingungslosen Liebe zu verlassen.

Durch Meditation und das Bewusstsein der inneren Stille in uns erfahren wir, dass wir vollkommene, immerwährende Essenz sind. Aus dieser Essenz heraus können wir uns verwirklichen.

Wir verändern dann unseren Blickwinkel, unsere Perspektive, und lösen uns von der Identifikation und den Momenten des Schmerzes.

ZUSAMMENFASSUNG

1. Die erste grundlegende Aussage ist:
Alles möchte Liebe sein. Alles, was nicht als Liebe erscheint, möchte zurückkommen in den Zustand von reiner, klarer Liebe und erzeugt daher ein Spannungsfeld.
Es gibt nur zwei grundlegende Richtungen. Die eine ist die, sich hin zur Liebe zu bewegen, und die andere ist die, vor der Liebe zu fliehen.

2. Die zweite grundlegende Aussage ist:
Alles, was erscheint, ist unsere eigene Schöpfung. Es ist eine Erscheinungsform aus uns heraus. Das Positive daran ist, dass wir somit alles verändern können.

3. Die dritte grundlegende Aussage betrifft den irdischen Raum: Dort liegt alles in unserer Verantwortung; wir sollten beginnen, Verantwortung zu übernehmen. Dann werden wir anfangen, bewusst und gut für die Erde zu erschaffen.

4. Die vierte Betrachtung bezieht sich auf unser Unvermögen, das Ganze zu sehen oder erkennen zu können:
Befreien wir uns von dem Blickwinkel der Trennung, dem Bewusstsein, dass etwas außerhalb von uns stattfindet. Es gibt nur ein Sein. Begeben wir uns in diesen Bewusstseinszustand, erleben wir uns selbst als die göttliche Essenz.

*Aus der Essenz Gottes entsteht unsere Seele als
ein individueller, vollkommener Aspekt dieser Essenz.*

DIE ABLÖSUNG VON
BEWERTUNGSMUSTERN

Alles entspricht unserer Bewertung und Einordnung. Diese gedanklichen Kategorien sind es, die für uns persönlich viel Leid, Schmerz und Trauer hervorrufen. Unser ursprüngliches Streben ist das nach Glück, nach Friede und Leichtigkeit, nach Liebe und Gesundheit, nach Wohlstand und Anerkennung. Und unter diesen Aspekten beginnen wir zu bewerten. Bei jedem eintretenden Ereignis wenden wir diese Schablonen an.

»Ist das Glück, was ich gerade erlebe? Nein, das kann kein Glück sein. Dieser Zustand scheint zerstörbar zu sein. Ist das Friede oder Liebe? Nein, Frieden kann nicht wirklich eintreten, solange noch Kriege und Morde auf der Erde geschehen. Ist das Gesundheit? Nein, es gibt hier und dort Probleme oder Schmerzen. Ist das Wohlstand, was ich erfahre? Nein, ich wünsche mir ein Haus und vielleicht ein neues Auto ...«

Das Entscheidende ist, uns selbst als Ursache für etwas zu begreifen; dann erreichen wir Glück, Friede und Liebe. Mit jeder dieser Verneinungen verschließen wir den Schöpfungsraum. Wir bestätigen dann nicht vorhandene Energien und Strukturen. Beginnen wir hingegen mit dem Öffnen dieser geschlossenen, angstvollen Positionen und erfahren uns selbst als Beginn der jeweiligen

Energie, beginnt diese Einzug zu halten. Sagen wir uns beispielsweise: »Ja, es ist bereits Frieden eingekehrt. Ich fühle mich friedvoller. Der Frieden breitet sich aus und wird kraftvoller und kraftvoller.« Oder: »Ja, ich fühle mich glücklich und befreit.«

Das Wichtigste ist, jetzt zu beginnen, genau in diesem Moment Frieden, Liebe, Gesundheit und Wohlstand in den erlebbaren Raum zubringen. Dazu ist es dringend notwendig, uns für die Möglichkeiten und diese Qualitäten, die wir erreichen möchten, zu öffnen, diese zu bejahen. Nur dann können sie eintreten. Ebenso notwendig ist es, sie zu leben.

∞

Glück und Erfüllung sind innere Werte, die wir nach
innerer Präsenz in den äußeren Raum erscheinen lassen. Ebenso
verhält es sich mit Frieden, Gesundheit und Wohlstand.

Beginnen wir Frieden auszustrahlen, selbst dort, wo dieser noch nicht stattfindet, wird er entstehen. Beginnen wir uns wohlhabend zu fühlen, unabhängig davon, wieviel Einnahmen wir kreieren, dann wird dieser Wohlstand auf allen Ebenen erscheinen. Beginnen wir uns gesund zu fühlen, gesund an Seele und Geist, dann wird unser Körper mit Gesundung folgen. Lieben wir uns selbst, wird uns Liebe entgegengebracht. Wir sind all das, was uns umgibt, und haben wir uns entschlossen, diese Erfahrung für unser Selbst entstehen zu lassen, laden wir nun auch alle anderen und alles, was uns begegnet, zu diesen Erfahrungen ein.

Lösen wir uns von diesem Bewertungsmodus, erscheint eine neue Dimension. Wir treten dann aus diesem dualen Feld heraus. Etwas ist weder gut noch schlecht. Es erscheint aus vielschichtigen

Gründen und möchte in einen größeren Raum von Liebe und Akzeptanz gebracht werden. Bei den Ereignissen, die uns gefallen und gut tun, fällt uns das sehr leicht, aber was ist mit jenen, die uns ängstigen und Schmerz bereiten? Versuchen wir sie zunächst nicht zu bewerten, so geben wir ihnen eher die Möglichkeit, dass auch sie sich klären und die Schwingungen von Harmonie und Frieden zurückkehren können.

Die Bewertung zieht uns in einen Sog hinein, sie verbindet uns mit diesem Ereignis schließlich so stark, dass wir unsere Energie danach ausrichten. Für solche Momente werden wir förmlich zu diesem Ereignis. Sicherlich haben wir schon einmal diese Erfahrung gemacht, dass wir durch und durch von einem Ereignis eingenommen waren. So taumeln wir zwischen den Hochs und Tiefs, die dieses Leben bereitzuhalten vermag. Wir verlieren unsere Selbstbestimmung.

∞

Werden wir uns wieder bewusst, dass hinter diesen Strömungen, diesem Taumel, das wahre Glück oder der wahre Frieden stattfinden. Unberührt, klar und ewig.

Durch jegliche Form von Bewertung verlassen wir unseren Ursprung und werden zu dem, was sich soeben ereignete. Für unseren Körper ist das ebenfalls ein anstrengender Standpunkt, wir befinden uns dann in einem Wechselbad der Gefühle.

In Wahrheit sind wir nichts von alledem. Mit dem Schritt, uns aus Bewertungen und Urteil zurückzuziehen, halten wir Einzug in eine unberührte Substanz, ein Vorhandensein an Weisheit. Eine tiefe innere Stille tritt ein.

Der Raum um uns herum fordert uns immer und immer wieder auf, Liebe zu erkennen – dieses reine Feld von Glückseligkeit, das immer vorhanden ist. Dieses Feld von Glück und Liebe kann für uns verdeckt erscheinen, so, wie Wolken unsere Sicht auf die Sonne verdecken können. Aber dahinter leuchtet dieses Strahlen. Alle unsere Begriffsfelder von gut und schlecht, von brauchbar oder unwert sind diese Wolken, die uns von dem immerwährenden Licht trennen.

Ein Weg könnte sein, alles anzunehmen, was uns an Ereignissen entgegentritt, als Widerspiegelung unseres Selbst. Wir können uns signalisieren: »Gut, auch dieses Ereignis möchte gemeistert werden, so gebe ich mich dem Weg der Lösungen hin.«

Darüber hinaus ist der Weg, die Ereignisse mit Liebe und mit Dankbarkeit zu betrachten, ein noch größerer Katalysator, um immer verbunden zu bleiben mit unseren Lösungspotenzialen. Strahlen wir Annehmen und Dankbarkeit für alle Erfahrungen, die uns begegnen aus, so öffnet uns diese Schwingung so sehr, dass wir selbst in schwierigen Momenten unseres Lebens reine und klare Liebe in das Schwingungsfeld Mensch und Erde hinein fließen lassen können.

Dieses Feld von Liebe kehrt dann in immer stärker werdenden Frequenzen zu uns zurück. Die vermeintlichen Schwierigkeiten lösen sich auf. So verwandeln wir nicht nur uns selbst durch die Haltung von Dankbarkeit, sondern auch das globale Feld von Schwingungsdichte. Und wir werden dabei mehr und mehr ein Magnet für alle dankbaren und liebevollen Ereignisse.

ANNEHMEN UND DANKBAR SEIN

Es ist ein außerordentliches Training, eine Schulung unseres Geistes, dieses Annehmen, und darüber hinaus große Dankbarkeit für alle Geschehnisse zu entwickeln. Aber die Früchte sind immens und der Weg dorthin ist sehr lohnend.

Beginnen wir ganz pragmatisch jeden Tag einige Aspekte auszudrücken, für die wir dankbar sein können, und diese zwei/dreimal in unserem Geist zu wiederholen. Machen wir das zu unserer täglichen Routine, so wird sich in kurzer Zeit unser Leben zum Positiven verwandeln. Dazu gehört auch, Dankbarkeit für die Herausforderungen zu entwickeln, für das, was uns nicht verständlich erscheint. Beginnen wir diese Dankbarkeit zu zelebrieren.

Dankbarkeit ist ein großer Schlüssel zu innerem und äußeren Reichtum. Durch die Ausstrahlung von Dankbarkeit öffnen wir unsere Schwingungsfelder, die mehr und mehr Ereignisse und Umstände in unser Leben bringen, die erneut Dankbarkeit auf ganz natürliche Art und Weise in uns auslösen. Haben wir hingegen vergessen, für die Schönheit, die uns umgibt, oder für unseren inneren Wachstumsprozess Dankbarkeit zu empfinden, verschließt sich unser gesamtes Energiesystem. Schließlich stumpfen wir ab, alles wirkt profan und löst Überdruss aus.

∞

Denken wir an dankbare Kinder: Deren Haltung lädt uns ein,
noch mehr Großzügigkeit zu entwickeln, wohingegen ein
undankbares Kind die Freude am Schenken in uns verebben lässt.
Ähnlich verhält es sich mit dem universalen Raum uns selbst
gegenüber. Dankbarkeit und Offenheit fördern ein Mehr an
Reichtum und Glück für unser Leben.

Durch diese einfache Entscheidung, mehr und mehr Dankbarkeit in unser tägliches Leben hineinzubringen, senden wir positive, verwandelte Schwingungsfelder aus. Dankbarkeit und Liebe sind ähnliche Schwingungsfrequenzen und haben die Eigenschaft, auch negative, schwere Schwingungen wieder zu harmonisieren und zu neutralisieren. Treten sie verstärkt auf, von vielen Menschen ausgestrahlt, so werden negative Schwingungen direkt umgewandelt in eine konstruktive, erneuerte Frequenz. Mit etwas Übung erzeugen wir ein heiliges Licht, das in unsere persönliche Schwingung und Ausstrahlung Einzug hält. So wird es durch uns in die sphärischen Felder der Erde und des Kosmos ausgestrahlt werden. Dieses »heilige Licht« ist unsere Urschwingung und ermöglicht es, Felder zu reparieren und zu erneuern.

Sind wir herausgetreten aus Bewertung und Enge, erlangen wir dieses Licht durch Annehmen und Dankbarkeit. Alle negativen, schmerzvollen Erinnerungen und Erfahrungen weichen diesem Licht. Wir initiieren bewusst eine Schwingung und können uns dadurch an größere Felder dieser Frequenz anschließen.

Entscheidend ist, dass wir uns zunächst dieses Prinzip verdeutlichen und dann mit viel Ausdauer und Hingabe mit dieser angenehmen, harmonischen Lebensweise beginnen. Auf diese Art und Weise verbinden sich unsere ausgesandten Energien mit den großen, weitläufigen Energiefeldern von Gelingen, Erfolg, Gesundheit.

Fallen wir hingegen zurück in dramatische Muster oder Ausdrucksformen, sollten wir diese nicht weiter analysieren, sondern einfach wieder zurückfinden in das Verlangen, Glück und Liebe zu erzeugen und dieses schließlich zu sein. Jeder Moment unserer Aufmerksamkeit bindet Energie und verstärkt das soeben behandelte Thema. Haften wir an alten schmerzvollen Erfahrungen und rufen uns diese dann immer und immer wieder ins Gedächtnis zurück, strahlen wir bereits erneut ähnliche Schwingungswellen aus und erhalten infolgedessen ähnliche schmerzvolle Ergebnisse.

Würden wir beginnen, die Welt in Schwingungsfeldern sehen zu können, würde sich ein durchaus erstaunliches Bild für uns abzeichnen. Vielleicht lässt es sich annähernd beschreiben: Spezifisch geformte Muster entweichen dem Energiefeld Mensch und strahlen in die Umgebung ab, durchdringen daraufhin allmählich sämtlichen energetischen und materiellen Raum.

Die ausgesandten Schwingungen schweben nun zu anderen Menschen und interagieren dort mit entsprechend ähnlich geformten Wellen in den jeweiligen Systemen. Dadurch entsteht eine Anziehung oder Abstoßung. Darüber hinaus steigen diese energetischen Felder auf, es bilden sich große Formen aus gleich schwingender Energie. Eine Anordnung, eine Art von Wolke dieser Energie entsteht, diese überlagert sich mit anderen ausgesandten Energiefeldern und schwebt dann über Häusern und Städten. Durch mehr und mehr ähnliche, hinzukommende Muster gewinnen diese »Wolken« an Intensität und Größe. Der Mensch steht immer noch in Verbindung mit den von ihm ursprünglich ausgesandten Energien, ähnlich wie eine Datenbahn. Aufgrund dieser Verbindung und Interaktion erfährt er die potenzierte Schwingungsdichte seiner ursprünglichen ausgesandten Informationen. Die Schwingung kehrt in hoher Intensität zu ihm zurück.

Betrachten wir ein Haus, Möbel, Gegenstände, Kleider oder Bücher, so sind diese von den Informationen der Menschen, die sie erzeugten oder gebrauchen, gänzlich durchdrungen. Stellen wir etwas her, laden wir es mit unserer Information auf. Erwerben wir etwas, sind wir zunächst angezogen von den dort enthaltenen Informationen, und allmählich lagern wir unsere eigene Schwingung in das Objekt.

Gehen wir durch belebte Städte, Plätze, öffentliche Gebäude, durchqueren wir ausgesandte Informationsfelder. Auf einer bestimmten unterbewussten Ebene spüren das alle Menschen. Aufgrund dieser jeweiligen Informationsqualitäten entwickeln wir Vorlieben oder Abneigungen. Und aus diesen entsteht schließlich unsere Polarität.

∞

Wir entscheiden ständig unterbewusst, welche Informationen wir aussenden möchten und welche wir beantworten werden in Form von Wahrnehmung, Verdrängung oder Reaktion.

Fragen wir uns nun: Von welcher Art von Schwingungsfeldern und Informationen ist der Raum um mich herum durchdrungen? Und welche Informationen sende ich permanent aus? Sind es Liebe und Freude? Oder aber eine Dissonanz?

Wir können bewusst eine erfüllende Qualität wählen. Ein dorthin führender Weg ist, Liebe, Dankbarkeit und Annehmen auszustrahlen. Das erzeugt ein harmonisches Schwingungsfeld.

In vielen Traditionen finden wir Wege, die über bewusst eingeleitete Veränderungen unserer Ausstrahlung, über Reinigung unserer Energiefelder und Beobachtung unseres inneren Zustandes
führen. Die Prinzipien des Yoga, der Meditation, des Tai Chi oder
Qigong und das Tao enthüllen uns uralte Weisheiten und Möglichkeiten, diese innere Transformation zu bewirken.

Die Kernbotschaft all dieser Wege ist jedoch: Beobachten, Annehmen, Liebe und Einssein. Für viele moderne Menschen ist die
Möglichkeit interessant, über die mentale Steuerung einen Wandel
zu vollziehen. Dieser Weg führt über den Geist, um diese Qualitäten von Stille und Frieden herzustellen.

∞

Eine tiefgreifende Möglichkeit ist der Weg über die Seele,
unsere tiefste, ursprünglichste Instanz, unser individueller
Aspekt der Essenz Gottes.

Sind wir durch unsere Geburt in diesem irdischen Raum angelangt,
fühlen sich viele Seelen verloren oder betrübt. Unsere Seele spürt
sehr wohl all die Informationsfelder und auch all die Not, die von
Menschen ausgestrahlt wird. Ebenso ist die Not spürbar, die von
den Seelen der Tierwelt ausgeht, so wie die bestehende Qualität des
Informationsfelds der Erde auch unterschwellig in unser Bewusstsein dringt. Angesichts dieser unterschwelligen Wahrnehmungen
geraten wir oftmals in Oberflächlichkeit, um uns diesen tiefen
Gefühlen nicht hingeben zu müssen, um sie auszublenden. Aber
unsere Seele ist der grundlegendste, der immerwährende Aspekt in
uns, und wir können uns diesem tiefen Gefühl in uns nur notdürf-
tig, mit kurzweiligem Vergnügen, entziehen. Allmählich wird sich

unsere Seele wieder Raum verschaffen, um uns daran zu erinnern, was wir sind und warum wir jetzt gerade auf der Erde sind. Ihre Ausdrucksformen sind mitunter radikal und können sich als schwere Krankheitsbilder oder Unfälle darstellen. Aus all diesen Gründen ist es sinnvoll, unserer Seele Gehör und Raum zu schenken. Die meiste Zeit widmen wir unserem Geist, unseren Gedanken und unserer Gefühlswelt. Auch schenken wir unseren körperlichen Bedürfnissen viel Aufmerksamkeit. Aber nichts ist kraftvoller als unsere Seele, in diesem Leben sowie in unserem immerwährenden Sein.

Erforschen und erfahren wir aus diesen Gründen unsere ureigenste Qualität und schenken wir unserer Seele wieder mehr Raum und Ausdruckskraft. Unsere Seele ist allumfassender, ewiger Raum, vollkommener Friede und heiliges Licht. Angesichts dieser Instanz in uns verblasst alles, was wir denken, spüren oder empfinden können.

Unsere Seele ist niemals wertend, belehrend, streng oder ängstlich. Diese Strukturen sind verdichtete Momente aus Geist, die aus Erfahrungen entstanden sind und sich in den nächsten Moment fortsetzen möchten. Unsere Seele ist die direkte Tür zu allen Seelen, zu allem, was ist. Es erscheint ein unendlich großer Raum, indem wir durch die Frequenz unserer Seele mit allem eine Einheit erfahren. Damit erfahren wir die eine große Schwingung des gesamten Universums. Das ist groß und großartig.

Aber vor dieser allumfassenden Wahrheit und Größe sind oftmals enorme Ängste und Enge gelagert. Und diese Strukturen gilt es zu durchdringen. Seelenbewusstsein ist das Bewusstsein von Einheit und vollkommene Befreiung und Loslösung aus aller Not und Bedrängnis. Mit dem Erlangen dieses Bewusstseinszustandes haben wir nur noch den einen Wunsch, diesen Zustand mit anderen zu teilen, sowie dieses große, erweiterte Bewusstsein in diese Ebene hineinzulenken.

Auf dieser Bewusstseinsebene angekommen, können wir uns unmittelbar alle Wünsche erfüllen, nur haben wir keine Wünsche mehr. Wir sind nicht mehr in der Identifizierung, dass uns etwas fehlen könnte, die Idee von Mangel oder Fülle existiert nicht mehr. Alles ist immer und überall vorhanden. Für jede Seele ist dieses vollkommene Bewusstsein das höchste Ziel, die Befreiung aus jeglichem Dilemma und Drama.

Sind wir einmal angekommen in unserer ewigen Instanz und haben dieses ureigene Bewusstsein integriert, sprüht durch uns kosmische, universale Intelligenz in den Raum, die alles verwandelt und erlöst. Diese Intelligenz, dieser außerordentliche Bewusstseinszustand, ist von solcher großartigen Intensität, dass er alles um uns herum zu verwandeln vermag. Wir sehen das bei jenen erleuchteten Meistern, deren Bewusstseinszustand so kraftvoll und erhaben wurde, dass Schüler ihn unmittelbar aufnehmen können, um sich selbst zu verwandeln. Dieser außerordentliche Bewusstseinszustand kann durch bloße Berührung oder Betrachtung an einen anderen Menschen übertragen werden. Zudem leuchtet das Strahlen dieser Meister noch Jahrtausende nach ihrem Verlassen ihrer Körper in den irdischen Raum. Betrachtet man dieses Phänomen von einer energetischen Warte aus, nehmen wir Pfade oder Lichtstraßen wahr, die hin zu »Toren« führen. Diese »Tore« bilden eine Möglichkeit, aus dem subjektiven Bewusstseinshorizont hinauszugelangen und zu dem absoluten Bewusstsein geführt zu werden.

Jesus und Buddha waren derartige Meister, und noch immer erhebt sich unser eigener begrenzter Raum, sobald wir an sie denken oder von ihnen lesen. Darüber hinaus gibt es unzählige Meister und Heilige, die in diesem Erkenntnisgrad angekommen sind.

*Die Schwierigkeit ist, von einer Dimension in die nächst-
höhere hinaufsehen zu können. Haben wir den höheren
Bewusstseinsgrad einmal erworben, entblößt sich
der eingeschränkte nun als unannehmbar und überholt.*

Dieses erleben wir tagtäglich, was neue Errungenschaften der Technik, des Fortschritts in der Medizin oder in der Quantenphysik anbelangt. Bei sportlichen Wettkämpfen wird es ebenfalls besonders deutlich. Bewegen wir uns auf der Zeitskala nur ein wenig zurück, erscheinen uns die Rekorde und Höchstleistungen als völlig überholt.

Kommen wir zu der Möglichkeit, unser eigenes Bewusstsein in jene neue Dimension emporwachsen zu lassen. Neben den traditionellen Wegen besteht die Möglichkeit, sich an jene erhabene Meister zu wenden. Ihr »Bewusstseinsabdruck« existiert in genau der gleichen Dichte und Prägnanz, wie sie ihn zu ihren Lebzeiten auf der Erde abgebildet haben. Unsere Kommunikation können wir telepathisch oder innerlich formuliert in alle Räume des Universums hineinsenden. Unsere Informationen gelangen wie über eine Datenautobahn zu ihrer Ebene und Präsenz; wir können so diesen erhabenen Bewusstseinszustand in uns aufnehmen.

*Eine einfache Methode ist die, über unsere Seele
in die Essenz Gottes einzutauchen. In der Essenz Gottes
ist bereits all das Große, Unvorstellbare vorhanden.
Wir sind bereits erleuchtet.*

Die Seele, entsprungen aus der Quelle der Einheit, aus der Essenz Gottes, ist individuelle Schöpfungsenergie, als spezifische Wellenbewegung einzigartig und unverkennbar. So ist sie Einheit und zugleich individueller Aspekt, der sich ausdrücken möchte und zu dieser Einheit zurückführt. Durch unsere Seele sind wir mit allem verbunden und eins, aber zugleich auch vollkommener, besonderer, unvergleichlicher Aspekt dieses Ganzen. So können wir unsere Individualität erkennen und zugleich ein Ganzes sein.

Aus diesem Akt der Schöpfung erhalten wir selbst die Gabe des Erschaffens. Unsere Seele ist die Instanz in uns, die unentwegt erschafft und sich somit selbst zum Ausdruck bringen möchte.

Das alles ist ein wundervolles Spiel voller Größe, Bewegung und Liebe. Um uns stärker in diesem Spiel zu erfahren und zu wachsen, haben wir versucht, das Licht und die Liebe für einen Moment lang zu vergessen. Durch die Abwesenheit von etwas entwickeln und erfahren wir uns intensiver.

*Wir wollten erfahren, was geschieht, wenn wir einen
Moment lang unsere wahre Natur von Liebe und Freiheit beiseite
schieben und ein Spannungsfeld erzeugen. In diesem Blickwinkel
haben wir uns geradezu verfangen. Wir haben uns in der Abwesenheit von Liebe verloren und dies zu unserer Realität erklärt.*

So lassen wir nur noch bestimmten Menschen und bestimmten Situationen in unserem Leben unsere Liebe und Größe zufließen. Das erzeugt große Spannungsfelder, und diese nehmen von Generation zu Generation zu, da sie oftmals ungelöst bleiben. Alles möchte in Liebe betrachtet werden, auch wenn wir Abstand zu etwas einnehmen möchten. Wenn wir etwas gedanklich in Liebe und Akzeptanz einhüllen, wird es die Erscheinungsform verändern.

Das Wichtigste ist jedoch, uns an unsere Quelle, an die Essenz Gottes und an die Entstehung unserer Seele zu erinnern. An unsere vollkommene Liebe zu allen Erscheinungsformen und an unseren besonderen individuellen Plan. Dann sind wir in unserer ureigensten Essenz angelangt und können uns sehr viel besser verstehen. Der Plan der Seele ist, diesen Raum noch schöner und vollkommener werden zu lassen durch unseren ganz eigenen Aspekt. Das formt sich in dem Moment unserer Geburt, während wir dieser unendlichen Quelle des Seins entspringen. Begeben wir uns gedanklich in diesen immerwährenden Raum der Schöpfung, und gleichzeitig in unseren individuellen Aspekt der Seele, sind wir wieder angelangt in dem, was wir mit Erleuchtung umschreiben. Vollkommenes Wissen, vollkommener Frieden erfüllen uns unmittelbar.

Wir und die Essenz Gottes sind eins. Wir sind ein individueller Aspekt dieser Essenz Gottes, unsere Seele ist essenzieller Träger dieses Ausdrucks. Aus diesem uns ureigenen Aspekt erschaffen wir Erfahrung im Zeit-Raum-Kontinuum. Und das unentwegt.

Beginnen wir diesen Prozess zu verstehen, sind wir erneut mit unserem Ursprung verbunden, und unser individueller Ausdruck bleibt bestehen im Raum. Er ist gelöst. Kehren wir nach all unseren Erfahrungen zu der Quelle des Seins zurück, beginnt unsere Einswerdung; in dem Moment haben wir jegliche Polarität überwunden. Das kann sich äußern in kaum nachvollziehbaren Phänomenen wie Heilungen, übersinnlichen Wahrnehmungen und der Möglichkeit, Wunder zu bewirken.

Natürlich verwirklichen wir Gott in jedem Moment, aber solange wir noch unbewusst sind, in zweierlei Richtungen: zum einen in Liebe, zum anderen, indem wir vor der Liebe fliehen. Indem wir vor der Liebe fliehen, wenden wir uns von der Quelle ab, um diese Erfahrungen machen zu können. Das ist immer sehr schmerzlich für uns, da wir unserer eigenen Natur und unserem Ursprung zuwiderhandeln.

Vielleicht fragen wir uns: »Aber wieso begannen wir überhaupt, vor der Liebe zu fliehen, wenn sie all das ist, was wir sind und sein wollen?« Eine Antwort könnte sein: Wir möchten erfahren. Wir möchten unseren individuellen Aspekt erfahren und mit diesem Ausdruck den Raum durchdringen. Haben wir begonnen, Erfahrungen zu sammeln, treffen wir Entscheidungen. Entscheidungen erzeugen Zweiheit, eine Teilung entsteht, und davon ist ein Teil der Liebe scheinbar weniger zugewandt. So entscheiden wir uns für die vielversprechende Möglichkeit und haben so bereits begonnen, etwas auszuschließen. So entsteht die erste Form von Leid und Trauer.

Bleiben wir in der Einheit, bleiben wir in der Liebe, überwinden wir trotz unseres Anhäufens von Erfahrungen Zweiheit. Wir müssen uns nur erinnern, dann verblasst alle Dramatik. Dieses

Spiel haben wir viele Jahrtausende gespielt und dabei alle erdenklichen Rollen eingenommen. Heldenhaft haben wir die Rolle der Liebe eingenommen, und heldenhaft die Rolle, in der wir vor der Liebe flohen.

Unsere Seele weiß all das, in ihr ist die Substanz unserer Erfahrungen vorhanden. Der tiefe Sinn liegt in dem Moment, in dem wir unsere Anstrengungen und unser Fliehen erkennen und zurückfinden können. Wir können sofort damit beginnen, indem wir alle unsere Erfahrungen in die Schwingung von Liebe bringen. Vergeben wir und bitten auch um Vergebung für jene Grauzone, die wir als Nicht-Liebe umschreiben können. Bringen wir dann unseren gegenwärtigen Moment in die Schwingung von Liebe und Harmonie. Wir sind unendliches Licht. Was kann uns geschehen? Aus dieser Warte der Betrachtung finden wir die Größe, um Abstand zu gewinnen und aus der Identifizierung herauszutreten. Die Liebe heilt alles. Jede Illusion von Trennung, jeden inneren Schmerz, alles wird erlöst, wenn wir uns wahrhaftig unserer inneren Liebe hingeben und versuchen, alles aus diesem Beweggrund der Erfahrung zu erfassen.

LIEBE UND PARTNERSCHAFT

Partnerschaft, die Liebe zu einem anderen Menschen, ist der offensichtlichste Bereich in unserem Leben, den wir als »Liebe« verstehen und auch so benennen. Unser Partner, oder der Platz für diese Rolle, sind wir, von einer höheren Ebene aus betrachtet, selbst. Wir selbst möchten alle diese Erfahrungen machen, die uns unser Partner verwirklichen lässt. Aus einer höheren Ebene unseres Selbst haben wir den jeweiligen Menschen ausgewählt, um uns an diese Erfahrungen heranzuführen.

Ist dieser Platz leer an unserer Seite, ist das ebenfalls eine sehr bewusste Wahl. Dann geben wir uns Zeit, uns vorzubereiten: Wir möchten uns in eine größere Harmonie bringen.

∞

Verstehen wir allmählich, dass wir alles selbst inszeniert haben. Es ist unser Selbst, das sich ausdrückt. Wenn wir möchten, erscheint eine Seele, die eine Rolle für uns spielt.

Möchten wir erschüttert werden und an unsere Grenzen geraten, so wird das unser Partner mit uns verwirklichen. Möchten wir uns nicht vollkommen angenommen fühlen, eine gewisse Ablehnung erfahren, so ist auch dies unsere eigene tiefliegende, innere Entscheidung. Unser Partner wird diese Rolle für uns darstellen, so wie auch wir eine bestimmte Rolle einnehmen werden.

Wir können uns umfassender verstehen lernen. Die andere Seele wird versuchen, es uns aufzuzeigen. Für gewöhnlich sind wir eher in einer bedingten Auffassung gefangen und klagen die andere Seele an, dass etwas nicht so geschieht, wie wir es uns sehnsüchtig wünschen. Das kann sehr bitter für uns sein und uns viele Jahre unseres Lebens stark in Anspruch nehmen. Eigentlich sollten wir der anderen Seele dankbar sein, dass sie diese Rolle für uns spielt und aufzeigt, was in uns verborgen liegt und gesehen werden möchte.

Der einzige Weg, um diese Komplikationen aufzulösen, ist die tiefe bedingungslose Liebe zu unserem Selbst. Die Anerkennung, dass alles aus uns selbst heraus geschieht, sollten wir tief in uns verankern. Unser Selbst möchte sich verwirklichen und zeigt uns auf, in welchen Bereichen wir nicht im Einklang mit der vollkommenen Liebe sind. Es ist sinnlos, zu klagen und alles auf den anderen zu schieben, das verdeckt nur unsere Eigenverantwortung. Zudem bringt es uns nicht zu unserer essenziellen Erkenntnis, was wir in uns selbst heilen oder lieben lernen möchten. Alles stellt sich dar als tiefe Reise zu unserem Selbst. Solange wir Ängste in uns tragen, tiefen inneren Schmerz in uns verborgen halten, werden wir diese ausdrücken und in unserer Realität erscheinen lassen.

Der Weg ist die tiefgründige, innere Versöhnung mit dem, was wir sind. Niemand kann uns das abnehmen. Solange wir noch negativ über uns selbst oder einen Menschen denken, befinden wir uns in Diskrepanz mit unserer natürlichen Schwingung von Liebe und Reinheit. Alles ist eine Widerspiegelung von unserem Selbst.

Wir alle sehnen uns nach der erfüllenden, vollkommenen, harmonischen Partnerschaft. Wir möchten diese Seele finden, die uns versteht und annimmt. Wir möchten unser Leben teilen. Das ist sehr schön, denn all das sind himmlische Anlagen in uns, die wir erfüllt wissen möchten. Sie schenken uns Kraft und Geborgenheit für unseren Weg auf der Erde.

Leider verlaufen die wenigsten Beziehungen langfristig erfüllt und glückspendend. Betrachten wir einmal die Ursachen dafür, so gibt es zwei hauptsächliche Verhaltensmuster, die wir verwandeln können. Das eine ist unsere eigene Angst, wir könnten etwas falsch machen, wir könnten versagen und uns als unliebenswert bloßstellen. Das ist etwas sehr Schmerzhaftes, und nahezu alle Menschen besitzen diese verborgenen Ängste, nicht anziehend genug zu sein oder an Jugendlichkeit und Schönheit zu verlieren. Die Angst, nicht so angenommen zu werden, wie wir sind, ist sehr verbreitet. Aber machen wir uns bewusst, dass wirkliche, bedingungslose Liebe niemals etwas ablehnen würde. Sie verblasst auch nicht.

∞

Liebe klagt nicht an und wendet sich nicht ab. Liebe ist vollkommen. Die reine Liebe erneuert sich aus sich selbst heraus. Die vollkommenste Schwingung im Universum ist diese reine bedingungslose Liebe. Sie ist immerwährend, verständnisvoll und allgegenwärtig.

Sind wir bereit, das zu verstehen? Und sind wir bereit, diese Liebe in uns zu entwickeln? Dann werden wir sie auch erleben. Es ist die Möglichkeit eines jeden Menschen, einer jeden Seele, sich daran zu erinnern und diese Liebe in den irdischen Raum hinein fließen zu lassen.

Viele Menschen fürchten sich vor dieser großen Liebe, sie scheint so übermächtig. Und die Furcht vor Verletzungen ist groß. Aber wir können nur uns selbst verletzen. Solange wir Verletzungen in uns tragen und diese erkennen möchten, werden wir eine Seele auswählen und sie bitten, uns diese zu zeigen. Aus diesen Dramen ist viel Geschichte geschrieben worden. Nur durch die Identifizierung mit einer Bedingtheit entsteht Schmerz, Selbstmitleid und Anklage. Das ist sehr schädigend für uns, denn diese Formen von Schwingungen erreichen jede Körperzelle und zerstören sehr viel positive Lebenskraft in unserem Körper.

Begreifen wir uns als ewig während Seele, als vollkommen frei, rein und voller Liebe. Was könnten wir dann anderes ausdrücken als diese vollkommene Liebe? Nur wenn wir uns auf Bedingtheit beziehen, werden wir diese vor uns erscheinen lassen; diese Änderung unseres Blickwinkels ist entscheidend. Beantworten wir alles aus unserem ewigen Raum, werden sich Kleinheit und Zorn auflösen. Diese Energien erfahren dort keinerlei Resonanz und schmelzen wie Schnee in der Sonne. Schenken wir uns selbst unsere Liebe und Anerkennung, für den gesamten Weg, den wir bis hierher bereits gegangen sind und für unseren Wunsch, in allem das Große und Ganze zu erkennen. Beginnen wir unsere Sinne zurückzuziehen und in unsere wahre ewige Natur einzutauchen, erfahren wir unmittelbar Frieden. Versuchen wir dann aus diesem Ewigen, was wir sind, Liebe in uns aufsteigen zu lassen. Versuchen wir aus diesem vollkommenen Ewigen zu lieben. Und diese Liebe immer präsenter werden zu lassen. Bringen wir dann unseren liebsten Menschen diese Liebe dar. Und nach einiger Zeit sind wir nur noch in dieser Präsenz von Liebe. Die Schwingungen, die aus Angst oder Identifizierung entstanden waren, werden von uns abfallen.

Der weitere Aspekt auf der Ebene der partnerschaftlichen und persönlichen Liebe, der gemeistert werden möchte, ist das Gefühl von Vollkommenheit. Die meisten Menschen befinden sich hingegen in einem Zustand, in dem sie etwas vermissen. Ein Gefühl des Mangels ist entstanden. Etwas ist nicht zu ihrer Zufriedenheit. Es gibt immer etwas, was besser sein könnte. Diese Haltung ist Gift für eine hingebungsvolle Liebe zwischen zwei Menschen. Es entstehen Konditionierungen und Anstrengungen. Das ist sehr gefährdend für unsere innere Balance.

Das Bild der Widerspiegelung unseres Selbst bedeutet, wir können nur uns selbst geben, was uns zu fehlen scheint. Niemand kann uns das geben, was wir nicht bereits schon haben. Sobald wir die Situation angenommen haben und uns wirklich fragen: »Was möchte ich mir damit zeigen? Was möchte ich mir verdeutlichen? Woran möchte ich wachsen?«, werden wir eine Antwort in uns selbst finden können. Wir werden die Situation nicht lösen können, wenn wir den Fehler bei unserem Gegenüber suchen, auch nicht, wenn wir dazu neigen, uns zu beklagen und uns zu bemitleiden. Dadurch erschaffen wir nur noch mehr Traurigkeit.

Wir sollten das tun, was uns selbst glücklich macht, und uns darüber ehrlich und klar äußern, was wir möchten. Bedenken wir, selbst wenn zwei Menschen dabei sind, sich zu verletzen, bedeutet das, die Liebe ist nur verdeckt von Schmerz und Angst. Dahinter existiert sie immerwährend, frei, unabhängig und bedingungslos. Es ist notwendig zu erkennen, dass wir all diese Rollen nicht sind. Vielleicht haben wir uns in etwas verfangen, aber wir sind das nicht.

Betrachten wir immer wieder: Aus welcher Position unseres Seins argumentieren wir, aus der Bedingtheit, aus dem Gefühl etwas zu vermissen oder aus unserer ewigen Position?

Was immer wir uns wünschen, sprechen wir mit unserer Seele, unserem Selbst. Drücken wir alle unsere tiefen inneren Anliegen aus, versuchen wir uns mehr und mehr anzunehmen und uns vollkommen verstehen zu lernen. Dann erfüllt sich alles aus einer weisen ewigen Liebe heraus. Die Schlüssel sind bedingungslose Liebe zu uns selbst und zu allem, sowie aufrichtige Kommunikation.

Das Anziehen unseres Liebespartners und das Verweilen mit ihm bedeutet demnach die Verwandlung unseres Selbst in Liebe und Bewusstwerdung. Nichts findet im Außen statt, vielmehr kann alles nur durch uns selbst geschehen.

∞

Wir können die Liebe niemals suchen, wir können sie nur finden. Und noch genauer beschrieben: Wir können die Liebe nur wiederfinden.

Sie ist nie verloren gegangen, wir haben sie eher verdeckt mit Ängsten, Erinnerungen und Konditionierungen. Und diese gilt es zu durchdringen, indem wir eine vollkommen unbeeindruckte innere Haltung einnehmen. Ängste oder schmerzhafte Erinnerungen können nur Raum gewinnen und sich ausdrücken, wenn wir uns davon beeindrucken lassen.

Finden wir den Ort, der in uns Stille ist, der innerlich wogende Liebe ist, und verweilen wir in dieser uns innewohnenden Geborgenheit. Sie führt uns zu der göttlichen Essenz der Liebe, die in uns ist und alles berührt. Wir sind bereits alles, vollkommene Liebe, Erleuchtung und glücklich Liebende.

INTERVENTION BEI DISHARMONIEN

Aber was kann ich nun tun, wenn ich mich in einer Disharmonie in meiner Partnerschaft befinde? Oder in einer anderen Beziehung akute Disharmonien auftreten?
Überprüfen wir uns selbst! Überprüfen wir unsere Beziehung zu uns selbst. Wo, an welcher Stelle verlassen wir uns? Sind

uns andere Interessen wichtiger als unsere eigenen? Auf diese Weise bauen wir Unzufriedenheit auf, und es entsteht ein unterschwelliger innerer Groll. Seien wir vorkommen ehrlich mit uns selbst. Lernen und beginnen wir uns auszudrücken und uns selbst anzunehmen. Beginnen wir, uns selbst gegenüber Wertschätzung und Liebe zu entwickeln. Wir können uns fragen: Was möchte ich in diesem Moment, was stärkt mich und was tut mir gut?

Wenn wir begonnen haben, eine tiefe Liebe zu uns selbst aufzubauen, sind wir in der Lage, langlebige, glückliche Beziehungen zu leben, da eine angenehme Balance entsteht zwischen den eigenen Interessen und den Interessen unserer liebsten Menschen. Die Liebe zu uns selbst ist die Quelle, aus der heraus wir alle unsere Beziehungen nähren. Alles beginnt mit uns selbst. Tragen wir inneren Groll oder Ängste in uns, werden wir diese über unsere Beziehung für uns sichtbar werden lassen. Dann werden wir wütend, uns vernachlässigt fühlen oder Ängste entwickeln. Irgendetwas verläuft dann nicht zu unserer Zufriedenheit. Nähren und heilen wir uns aus der Quelle unseres vollkommenen Seins, beziehen wir uns auf unseren göttlichen Aspekt. Aus dieser Energie heraus heilen wir die Verletzungen in uns. Wir können den Auftrag an die göttliche Essenz, an die Quelle geben, sie möge uns unmittelbar heilen. Drücken wir dies immer wieder aus, wird es geschehen. Alles ist Bewusstsein, alles ist voller Informationen, und es beginnt sogleich mit der Heilung. Beginnen wir mit unserer inneren Kommunikation, wird geschehen, was wir dort formulieren. Haben wir etwas Geduld; wenn es nicht sogleich geschieht, halten wir an unserem Anliegen fest, Liebe und Heilung zu erreichen, und äußern diese Absicht immer wieder.

DIE WOGEN GLÄTTEN

Haben wir in uns eine Disharmonie verwickelt und unsere Gefühle drehen sich aufgeregt im Kreis herum, so ist es sehr hilfreich, innerlich »Heilige Kräfte« herbeizurufen. Auf diese Art und Weise werden die Wogen sich glätten.

Versuchen wir auch, aus der Identifikation mit diesen aufwühlenden Gefühlen herauszugehen. Und formulieren in uns den Wunsch immer und immer wieder, ein harmonisches Leben voller Liebe, Frieden und Glück zu führen. Sprechen wir unsere Anliegen in den Raum, alles ist Bewusstsein, alles ist lebendiger Raum, der unsere inneren Anliegen verwirklicht. Gebete und Mantren wirken auf diese Art und Weise, es sind heilige Formeln, die uns unterstützen können, in unseren inneren Frieden zurückzufinden.

Befinden wir uns in einer schwierigen Situation, ist es außerdem sehr hilfreich, unsere Aufmerksamkeit kraftvoll und mit Zielsicherheit auf eine lichtvolle Lösung zu richten. Visualisieren wir eine vollkommene, harmonische Lösung. Die Lösung wird erscheinen. Wir erschaffen sie, wenn wir daran festhalten und unbeeindruckt bleiben.

Machen wir uns bewusst: Negative Energien haben die Tendenz, uns aus unserer Mitte zu ziehen. Dabei sind die in uns eingelagerten, schmerzhaften Erinnerungen die Kommunikationsbahnen, an denen sie sich anlagern können. Wir erleben Negation immer durch ein Problemfeld, das wir als unser eigenes erklären und mit dem wir uns dann identifizieren. Dadurch verlieren wir leicht den Abstand und fühlen uns gefangen in einem oftmals wiederkehrenden, aufwühlenden emotionalen Zustand.

Erinnern wir uns an die Schwingungsfelder und Energiewolken, die aktiven aufgeladenen Felder, die durch gleich geartete Gedankenenergie einen energetischen Komplex bilden. Tragen wir noch Schmerz in uns oder negative Betrachtungen, gehen wir in Interaktion mit einem negativen Feld. Diese haben die Kraft, die Prozesse erheblich zu verstärken. Sind wir reine Energie, positiv und klar ausgerichtet, erreichen uns angenehme Energiefelder.

Das Positive an allen Tälern, die wir durchschreiten, ist, dass wir uns darüber bewusst werden, was in uns verborgen liegt, und dass wir immer in der Lage sind, dieses alles in die Liebe zu bringen. Alle unterbewussten oder verdrängten Gefühle und Erinnerungen werden sichtbar.

Diese innere Klärung gehört zu unserer Aufgabe, und wenn wir uns dieser nicht stellen möchten, werden wir dieselben Problemfelder in regelmäßigen Zyklen an die Oberfläche bringen.

Mit tiefer, fester Entschlossenheit können wir all die negativen, eingelagerten Energiemuster auflösen. Die Schwierigkeit dabei ist, aus der Identifizierung mit der jeweiligen Problematik zurückzutreten, dem Problemfeld keinen Glauben mehr zu schenken. Glauben wir an Lösungen, erzeugen wir eine neue Energie und ziehen konstruktive Energiefelder an. Kommunizieren wir mit der allgegenwärtigen göttlichen Essenz. Laden wir sie ein in unsere Erlebniswelt.

ZUSAMMENFASSUNG

Alles geschieht aus uns heraus. Es bildet sich ab und verstärkt sich fortwährend. Es sind Interaktionen mit gleich schwingenden Energiefeldern, die unsere eigene Aussendung verstärken.

Unsere Aufgabe dabei ist, innere Klärung, Liebe und Vergebung zu finden. Nutzen wir das lebendige Feld, die göttliche Essenz in allem, und treten in Kommunikation, so wird diese Essenz aktiv unsere gewünschte Lösung erscheinen lassen. Wir geben einen intensiven Impuls – dieses unendlich große, lebendige Feld reagiert und verwirklicht unsere Anliegen.

Eine Möglichkeit, das Erleben von Leid, Misserfolg, Krankheit, Streit usw. zu durchbrechen, ist das innere »Heraustreten«, die Nicht-Identifizierung. Solange wir aus der Perspektive des Schmerzes, der Verletzung agieren, sind wir gefangen und erzeugen weitere negative Schwingungen.

Versuchen wir, auch in schwierigen Situationen etwas Positives zu erkennen. Die positive, gerichtete Intention und die Kommunikation mit der göttlichen Essenz in allem werden das Licht und die Lösungen in unsere Realität hinein bringen.

KOMMUNIKATION MIT DER GÖTTLICHEN ESSENZ

Wie kommuniziere ich mit der göttlichen Essenz in allem? Das göttliche essenzielle Feld reagiert auf unsere Hinwendung sofort. Es wird daraufhin universale Lösungswege für uns einleiten. Formulieren wir aufrichtig, innerlich oder laut gesprochen unser Anliegen für eine Heilung, inneren Frieden, finanzielle Lösungen, werden diese Einzug halten.

Die Voraussetzungen sind, dass unsere Anliegen aufrichtig sind und wir ein Vertrauen, eine innere Liebe in uns entwickelt haben. Durch dieses Gewahrsein einer inneren Liebe in uns gelangt der Strom der Lösungen und Heilungsfelder zu uns. Bleiben wir hingegen in Aufruhr, Angst oder Anklage können wir diese heilenden göttlichen, essenziellen Informationen nicht aufnehmen. Wir werden sie dann nicht empfangen, da wir uns von diesem Strom abschneiden. Geschieht etwas Aufwühlendes, Tragisches in unserem Leben, sollten wir versuchen, Ruhe und Vertrauen zu bewahren, diese Liebe in uns zu fühlen und dann in den unendlichen Raum in die Essenz Gottes hineinzurufen. Dies kann als innerlich formulierter Ruf geschehen, in unseren eigenen Worten oder in der Form eines Gebetes oder eines Mantras, ganz wie wir möchten.

Das Wichtigste ist, in uns den Funken von Liebe und Vertrauen
zu entfachen, sonst sind wir nicht auf »Empfang« eingestellt.
Die Liebe ist die Kommunikationsbahn, Vertrauen öffnet
unser Bewusstsein für große Lösungen. Die Liebe in uns ist das
»Einschalten«. Nur so kann uns die göttliche Essenz erreichen.
Das ist sehr wichtig.

DIE VORAUSSETZUNG, UM DIE POSITIVEN KRÄFTE ZU »EMPFANGEN«

Wenden wir uns einen Moment lang ab von dem jeweiligen schmerzvollen Erlebnis und versuchen etwas zu tun, was uns Freude oder Friede bereiten kann. Sprechen wir mit einem Freund, trinken wir eine Tasse Tee, meditieren wir. Schauen wir einen Film, hören wir wohltuende Musik oder Ähnliches. Tun wir etwas, was unsere Schwingung auf die Wellenlänge von Liebe und Geöffnetsein bringt. Dann rufen, sprechen wir, laut oder still formuliert, unser Anliegen aus. Es ist, als seien wir eine Empfängerstation, ein Radio: Dieses kann die ausgesendeten Wellen erst dann aufnehmen, wenn es eingeschaltet ist. Unser Gefühl von Liebe ist das Einschalten.

Bleiben wir stattdessen in Gefühlen von Stress, Hektik, Angst, verkrampften Erwartungen stecken, sind wir nicht eingeschaltet. Unser »Energiekostüm« ist dann geschlossen für die göttliche Essenz, für die Erfüllung und für unsere Heilung oder Lösungsmöglichkeiten, die uns zufließen könnten! Das ist der Grund, warum manche Anliegen, Gebete oder Wünsche ungehört zu verhallen scheinen. Alles geschieht nach dem Gesetz der Resonanz: Tragen wir nicht dieses Gefühl von Liebe und Lösung in uns, sind wir auch nicht erreichbar für diese Schwingung.

Dieses erklärt, warum Menschen auch durch Meditation geheilt werden können. Sie entwickeln eine Schwingung von Liebe, Gelassenheit und Offenheit. Aus diesem Grund können auch Gesang, Musik, Tanz, Bewegung, Lachen so heilsam für uns sein. Wir öffnen uns damit und werden Empfänger der göttlichen Essenz. Wir stellen eine Verbindung, einen Strom zu dem göttlichen Feld her, das uns umgibt. Wir verbinden unser Inneres mit der göttlichen Essenz – wir schalten uns ein. Lösungen erscheinen dann unmittelbar. Uns begegnen Menschen, die uns helfen. Wir erhalten Informationen, die uns zu einer Lösung und Heilung führen. Fragen wir uns immer wieder: Bin ich geöffnet, habe ich mein Anliegen der universalen göttlichen Essenz gegenüber geäußert?

Achten wir auf das, was uns schließt, wie zum Beispiel negatives Denken, negative Äußerungen, Stress, Eifersucht, und vermeiden diese Verhaltensmuster mehr und mehr. Natürlich können wir auch, um das zu erreichen, die göttliche Essenz um Unterstützung bitten.

Wir können Lösungen oder Heilungen nicht erzwingen. Die Energie des Zwangs oder der Ausweglosigkeit sind in sich geschlossene Module. Strahlen wir diese Gefühle aus, kann die Heilung nicht eintreten. Missbilligung oder Misstrauen erzeugen ebenfalls eine verschließende Ausstrahlung. Wir müssen geöffnet sein, um die Schwingungen von Heilung und Liebe erfahren zu können. Verabschieden wir uns bewusst mehr und mehr von verschließenden Energiezuständen. Unser Leben wird wunderbar, wenn wir beginnen. mit der göttlichen Essenz zu kommunizieren und uns durch positive Ausrichtung zu öffnen, um die heilenden, lösenden Energien in uns aufzunehmen. Bringen wir uns innerlich auf das Gefühl von Empfang, indem wir Liebe und Vertrauen in uns erzeugen. Dadurch »schalten« wir uns ein.

SELBSTLIEBE

Wie lerne ich, mich selbst zu lieben, wie erzeuge ich Liebe in mir? Wie lerne ich, mich selbst anzunehmen und reine Wertschätzung mir selbst gegenüber auszudrücken?

Ein einfacher Weg ist, dies immer wieder auszusprechen: »Ich liebe mich, ich wertschätze mich!« Und dieses dann, unberührt von allen Ereignissen, die geschehen, immer wieder zu formulieren. Diese Information geht durch alle Bewusstseinsebenen in uns und verändert uns daraufhin grundlegend. Das ist Balsam für Körper, Seele und Geist. Auch bei diesem Anliegen ist es überaus hilfreich, mit der göttlichen Instanz zu kommunizieren und um Hilfe für Unterstützung zu bitten. So erhalten wir auch durch diesen Weg mehr Liebe und Wertschätzung für uns selbst. Sind wir geöffnet, werden sich diese wunderbaren Kräfte in uns entwickeln und ausdehnen. Wir werden Unterstützung erhalten von Menschen und Ereignissen, die uns mehr und mehr ermöglichen, an uns selbst zu glauben und dadurch unser Selbstvertrauen und Selbstbewusstsein wachsen zu lassen. So sollten wir uns auch immer wieder im Laufe des Tages unsere Liebe, Aufmerksamkeit und Selbstachtung schenken. Sagen wir uns einfach: »Ich liebe mich. Ich bin reine Liebe.«

Machen wir uns bewusst, dass unser Leben kostbar ist. Beschließen wir, uns selbst zu helfen: Unsere intensivste menschliche Beziehung ist die zu uns selbst.

Da durch unser Selbst alles um uns herum erscheint, können wir dies nicht verleugnen. Wir können unser bester Freund, unser Lehrer oder unser eigener Coach werden. Wir kennen uns selbst am besten, und dieses gilt es zu nutzen. Gleichen wir unsere Schwächen aus, indem wir uns tief mit uns selbst versöhnen. Fördern wir unsere Stärken, und allmählich werden auch unsere einstigen Schwächen zu unseren Stärken werden. Die Liebe zu uns selbst und in uns ist der Schlüssel für ein wundervolles und fruchtbares Leben. Sind wir fest entschlossen, uns zu lieben und uns selbst zu helfen, und kommunizieren dies gegenüber der göttlichen Essenz, wird es geschehen.

Unsere wunderbare Verwirklichung geschieht, sobald wir den inneren Kampf aufgeben. Wir sind nicht unser größter Feind, sondern unser größter Freund. Haben wir diesen inneren Wandel vollzogen, erscheint uns alles in der Welt freundschaftlich und uns zugewandt. Aber der erste Impuls dieses Wandels muss von uns selbst ausgehen, sonst ist er nicht von Dauer.

Wir vergeuden unsere Kräfte, indem wir gegen uns selbst angehen. Es ist ein aussichtsloser Kampf, denn immer neue Feinde erscheinen, solange wir keinen Frieden mit uns selbst gefunden haben.

Betrachten wir genau die Bereiche in unserem Leben, in denen wir gegen uns selbst angehen, in denen wir uns nicht ausreichend unterstützen. Abhängigkeiten, Unselbstständigkeit, unfreie Liebe, alte ungelöste Beziehungen, all dies gehört zu unserem inneren Kampf und weist auf eine Hilflosigkeit hin, auf eine Bedürftigkeit, die noch nicht gelöst wurde. Befreien wir uns von diesen Parametern durch inneres Annehmen und tiefe Selbstwertschätzung, verschwinden diese »Grauzonen« in uns.

Verstehen wir allmählich: Alles nur Erdenkliche ist für uns möglich, wenn wir uns selbst lieben und uns befreien von Bedürftigkeit, Unehrlichkeit und versteckten Co-Abhängigkeiten. Wo gehen wir Kompromisse ein? Wann fühlen wir uns klein oder ausgesetzt? Was verursacht Ängste oder Verkrampfung in uns?

Genau dieses sind die Schlüsselpunkte, mit denen wir unser Verlangen nach innerem Wachstum ausdrücken möchten. Umarmen wir in unserer Vorstellung alle unsere Unvollkommenheiten, begrüßen wir sie als Hinweis auf dem Weg nach Ausdehnung und Liebe. Schenken wir allen Themen in unserem Leben, die uns Kopfzerbrechen bereiten, Liebe, Wachstum und Geduld. Durch uns und durch diesen Perspektivwechsel hin zur Liebe sind wir verbunden mit der göttlichen Essenz und rufen diese in das jeweilige Thema hinein. Diese unendliche Intelligenz ist mit den größten Möglichkeiten für uns verbunden und wird sie in unser Leben, in den jeweiligen Themenbereich, hinein bringen. Stellen wir uns mit kindlichen Augen einmal vor, wie ein göttlicher Reigen und himmlische Kräfte sich nun dieser Themen annehmen und sie zu allem nur erdenklichen Besten führen.

Wir sind frei, wir haben die Wahl. Wir können alles aus unserem eigenen Energiefeld, mit großer Anstrengung verbunden, erreichen oder durch uns hindurch wirken lassen, aus einer Intelligenz heraus, die für unsere eigene nicht mehr erfassbar scheint. Dadurch können wir eintauchen in dieses Feld von Wohlbehagen und Liebe.

DAS HERZ ÖFFNEN

Was kann ich tun, wenn ein Themenbereich akute Probleme bereitet und sich eine scheinbar ausweglose Situationen anbahnt?

Zunächst sollten wir einen Schritt zurücktreten. Wir sollten uns bewusst machen, dass es immer wieder Berichte von Menschen gibt, die in extremer Lebensgefahr die Situationen umkehren konnten. Auch wir können das bewirken! Treten wir ein in das göttliche Feld, in die göttliche Essenz, in der alles Unvorstellbare möglich wird. Öffnen wir unser Herz in Liebe und Vertrauen und kommunizieren mit der göttlichen Essenz, tief, aufrichtig und intensiv. Die Situation wird sich verändern! Wir können das erreichen. Wir können Wunder auf diese Weise in unsere Realität bringen. Wir können diese Energien nur nicht erzwingen oder kontrollieren, das wird sich als Irrtum erweisen. Aus diesem Grund ist es wichtig, Tag für Tag ein offenes, vertrauensvolles Herz zu entwickeln. Und somit der göttlichen Essenz Raum geben. Oftmals sind die Lösungen für uns überraschend und unerwartet. Auf diese Art und Weise können wir unser Leben in Harmonie, Fülle und Liebe bringen. Jeder Lebensbereich kann zu großer Schönheit gelangen. Seien wir aufrichtig: Sobald wir Hintergedanken haben, sobald das Ego mit ins Spiel gerät, Habgier, Enge, Zwang, Kontrolle auftauchen, wird es nicht funktionieren.

SEELENLIEBE

Weit über unsere Vorstellung der Erfüllung hinausgehend, die wir innerhalb einer Partnerschaft oder Freundschaft erfahren können, ist die Verbindung durch die »Seelenliebe«.

Seelenliebe bedeutet eine Verbindung von Synchronität und tiefster Verschmelzung. Persönliche Interessen erlöschen angesichts dieser starken Liebensschwingung. Wir geben uns dieser Liebe vollkommen hin. Sie ist nicht zu verwechseln mit dem ersten Feuer einer Verliebtheit, denn sie ist ein dauerhafter Zustand. Diese Liebe ist eine nährende Form von Schwingung, die uns durchdringt und alle »kleinen Gefühle« wie Ängstlichkeit, Verdrossenheit, Unsicherheit und Zweifel auslöscht. Angesichts dieser erhabenen Schwingungsform verbleibt nichts dergleichen im Energiefeld Mensch bestehen.

Der Blickwinkel, die Welt aus der Perspektive der eigenen Interessen wahrzunehmen, verschwindet vollständig, abgelöst durch dieses All-Bewusstsein, ein kosmisches Bewusstsein, eine kosmische Liebe. Findet diese Erweckung statt, erleben wir unmittelbar eine Herzöffnung, ein Strahlen, welches uns entströmt. Es ist gleichzusetzen mit jenen erleuchteten Zuständen, die uns von großen Meistern übermittelt wurden.

Die Seelenliebe ist als ein Weg der Meisterschaft in die Erhebung unseres kosmischen Bewusstseins zu verstehen. Dieser Weg führt uns zu unvorstellbarer Größe.

Es ist eine Initiation und wir können darum bitten, diese lichtvollen Kräfte herbei zu rufen. Aber es ist eher etwas, was mit uns geschieht, als dass wir aktiv werden sollten, um diesen Zustand zu erreichen. Plötzlich ist er da, der allerhöchste irdische Zustand von Liebe, und hüllt uns ein. Oftmals ausgelöst durch einen erhabenen Meister, eine Meditation oder eine tiefgreifende Erkenntnis.

Möchten wir die Menschen um uns herum, unseren Partner, einladen in diese Liebe, so lassen wir im Geiste diesen Strom zu all jenen Menschen fließen, auf dass sie ebenfalls von dieser nie versiegenden Seelenliebe gespeist werden. Innerhalb dieser Liebe fühlen wir uns vollkommen angenommen. Eventuelle Schwächen in unserer Persönlichkeit verblassen. Diese Liebe beruht nicht auf Anstrengung, sondern geschieht durch eine Öffnung hin zu den erhabenen Spähren des Seins. Wir werden geöffnet, hin zu noch mehr Liebe und Potenzial, um diese Schwingung schließlich weitergeben zu können.

Begegnen wir dieser Größe und Tiefe von Liebe, können in uns Ängste ausgelöst werden, da die Strukturen unserer Persönlichkeit verschwinden werden. Und solange wir noch den Gedanken pflegen, dass wir uns persönlich weiterentwickeln möchten, indem wir die Reibung der Dualität erleben, verschließen wir uns vor diesem Meer aus Liebe.

Es ist das Verschließen, das Fliehen vor der Liebe, der Eindruck, wir bräuchten all die schmerzhaften Erlebnisse, um zu wachsen. Doch wir können jederzeit erwachen und uns in diese ewige Geborgenheit fallen lassen, sie wird uns auffangen. Unabhängig davon, wo wir uns gerade befinden. Die Seelenliebe ist bedingungslos, allgegenwärtig und voller Mitgefühl für unseren inneren Zustand.

Sobald wir unser Bewusstsein geöffnet haben und die Seelenliebe als einen Wachstumsweg für uns erkennen können, wird diese Liebe den Weg zu uns finden. Allzu ernsthafte Erwartungen oder das Suchen verschließen uns diese Möglichkeit, denn sie entspringen dem Eindruck der Bedürftigkeit und verengen uns. Nur ein entspanntes, geöffnetes System kann Liebe und Freude empfangen.

EINE VISION VON LICHT

Bedenken wir: Alle himmlischen und irdischen Schätze liegen für uns bereit, sobald wir uns dafür öffnen.

Eine Möglichkeit ist, ein erhabenes, strahlendes Licht in unserer Versenkung entstehen zu lassen, es kann verkörpert sein durch einen Meister, einen Heiligen, ein strahlendes Wesen. Wir können auch einen abstrakten Lichtstrahl erscheinen lassen. Dieses Licht berührt nun unseren Herzraum, unsere Seelenfrequenz, und es findet ein Austausch auf dieser Ebene statt. Es liegt fernab von Worten oder Beschreibungen, was diese Vision in uns auslösen kann.

Diese Liebe ist ein Tor zur göttlichen Essenz. Ein harmonischer Gleichklang entsteht. Die Urschwingung, die allem innewohnt, wird durch diese Liebe wachgerufen. Das Schwingen auf der Seelenebene teilt sich mit, wie eine tief verborgene, unbekannte Kommunikationsebene. So erhalten die Seelen um uns herum diese

Schwingung ebenfalls, sie dehnt sich durch uns aus in den irdischen und universalen Raum.

∞

Denken wir an das Phänomen einer Stimmgabel,
die mitschwingt, sobald wir einen Ton anschlagen.

Die erweckte, göttliche Urschwingung erzeugt in uns einen tiefen friedvollen Zustand. Diese Urschwingung lässt uns den scheinbaren Raum der Illusionen durchblicken, wir sind dann angekommen auf der Schöpfungsebene. Auf dieser Ebene erfahren wir kosmisches Bewusstsein, eine Bewusstwerdung, ein Feuerwerk unseres Geistes, der nun nicht mehr um persönliche Interessen und Vorlieben kreist. Von hier aus durchblicken wir alle Systeme, alle menschlichen, weltlichen sowie andere planetare Systeme. Ein Bild der Transparenz und des Erkennens erscheint.

All das geschieht, wenn wir bereit sind, unser persönliches Feld zu verlassen und uns der Seelenliebe und Seelenebene öffnen möchten. Die wiedergefundene Weisheit der göttlichen Urschwingung trägt uns in diese Bewusstseinsräume.

Die Initiation zu dieser großen Ebene ist die Verschmelzung zweier Seelen durch die Seelenliebe. Durch dieses Ereignis lösen sich alle entstandenen Prozesse von Trennung auf. Das Sichtbarwerden eines ewigen Raumes, die Göttlichkeit in allem, erscheint als erweiterter Wahrnehmungsprozess.

In der indischen Kultur erfahren viele Schüler diese Initiation durch einen ausgewählten Meister, der ihr persönliches Bewusstsein auf eine kosmische Ebene anhebt. In der westlich geprägten Mystik erfahren Menschen eine tiefe Berührung durch Jesus,

Maria, Buddha oder direkt durch das göttliche Licht, das sich mitteilt.

Wählen wir unseren individuellen Weg, diese Seelenliebe zu erfahren und in dieses erweiterte, allgegenwärtige, kosmische Bewusstsein vorzudringen.

Es ist ebenfalls eine Erhebung für unseren Geist, der nicht mehr länger um persönliche Themen kreist, sondern nun seinen ursprünglichen, universalen großen Raum einnehmen kann. Es ist, als würden wir einen viel zu engen Käfig wegnehmen und unsere ursprüngliche Freiheit wiedererlangen.

MANIFESTATION ALS SCHÖPFERISCHER PROZESS

Manifestation geschieht permanent in jeder Sekunde: Jeder Gedanke, jedes Gefühl, jede Stimmung, jede Aussage erzeugt die nächste Erfahrung greifbarer Realität.

Das große Geschenk unseres Lebens ist unsere schöpferische Kraft. Und die Menschen beginnen langsam damit, diese in ihre bewusste Vorstellung von Leben zu integrieren. Aber das Ausmaß unserer gestalterischen Fähigkeiten und unserer großartigen Möglichkeiten ist uns noch immer zum allergrößten Teil verborgen. Allzu schnell fallen wir zurück in das Muster der Reaktion. Aber auch eine Reaktion ist ein aktiver und kreativer Ausdruck unseres Geistes. Wir ordnen unsere kreativen Ausdrucksmöglichkeiten dann nur einer vermeintlich festgefügten Rahmenbedingung unter. Das Erkennen unserer großen Möglichkeiten hat sehr viel mit der Freiheit, die wir uns selbst schenken, zu tun. Das jeweils gewonnene Maß an Freiheit erschafft einen Rahmen, und innerhalb diesen selbst erschaffenen Raumkonstrukts bewegen wir uns dann.

∞

Möchten wir uns wirklich in unsere größten Wachstums- potenziale begeben, sollten wir damit beginnen, unsere Freiheit zu erkennen und diesen sich immer wieder erweiternden Raum einzunehmen.

Angst erzeugt Enge, und für das Erkennen unserer Freiheit benöti- gen wir Mut und eine harmonische Ausdehnungskraft unserer Energie. Möchten wir erlernen, für uns eine liebevolle, erfüllte, glückliche, gesunde und reiche Realität erschaffen, sollten wir zu- nächst damit beginnen, uns unsere Freiheit zu gewähren. Befrei- ung kann auch auf eine sanfte Art geschehen, wir brauchen keine Revolution zu entfachen. Die Freiheit beginnt in uns selbst, da- durch geschieht sie in Liebe und Harmonie mit den äußeren Strukturen. Erschaffen wir diese Freiheit in uns zunächst so, dass wir lernen, uns selbst zu lieben und wertzuschätzen. Die Liebe führt uns aus jeglicher Versklavung und Enge. Sie erlöst uns von Abhängigkeiten und macht uns Mut. Der erste Schritt ist, uns selbst anzuerkennen und uns als liebevolles, unendliches Wesen anzunehmen, das so viel wie möglich von der wahrhaftigen Größe und Schönheit einnehmen möchte.

Das ist ein täglicher Lernprozess. Machen wir uns bewusst: In dem Maße, wie wir uns selbst wertschätzen und lieben, erscheint um uns herum Liebe und Wertschätzung. Wobei angenehmer ma- terieller Wohlstand die Wertschätzung uns selbst gegenüber symbolisiert. Es ist nicht nötig, dass wir durch die Betrachtung unserer eigenen Schöpfung, unserer momentanen Situation, in Unsicherheit geraten. Es ist vielmehr das Spiel des Lebens auf der Erde, dass wir zunächst alles verlieren, um es dann noch größer und schöner wiedergewinnen zu können.

Was bedeutet Freiheit für uns? Oftmals haben wir unsere eigenen Regeln und Abläufe so stark verinnerlicht, dass wir keinen freien Gedanken mehr aufkommen lassen. Wir sind dann gefangen in unserem eigenen Plan. Um dieses zu durchbrechen, bedarf es etwas Übung und Ausdauer.

UNSER LEBEN – EIN FILM

Stellen wir uns einmal vor, unser Leben wäre ein wunderbarer Film. In diesem Film spielen wir selbst die Hauptrolle, schreiben das Drehbuch und wählen alle Darsteller aus. Natürlich sind wir auch für alle Details zuständig. Machen wir es uns nun zur Gewohnheit, »unseren Film« bewusst zu gestalten. Erlauben wir uns, einmal in der Woche eine Stunde Zeit dafür zu investieren. Trainieren wir uns nun, den Film so zu gestalten, dass die von uns dargestellte Freiheit mehr und mehr zunimmt. Versuchen wir das Unmögliche zu denken, übertreffen wir uns selbst. Versuchen wir uns von der Ernsthaftigkeit zu befreien und es als angenehmes Spiel zu entdecken. Durchbrechen wir dabei die uns selbst auferlegten Bedingungen und Grenzen, um so eine neue Vision unseres Lebens aus Freiheit und Liebe zu kreieren. Schenken wir uns Freiheit, Liebe und Fantasie für unser Leben. Diese Übung ist sehr kraftvoll und erweiternd, und das Spiel wird unsere Realität gestalten.

Eine weitere Übung könnte sein, unsere energetische Ausdehnung in der Meditation zu erfahren. Dabei erinnern wir uns an unsere wahrhaftige Größe und Freiheit. Aufgrund dieser Erfahrung nehmen wir diesen erweiterten Raum mehr und mehr ein. Wir dehnen uns aus in den universalen Raum hinein.

Freiheit sollte immer mit Liebe verbunden sein – die Freiheit, die davon losgelöst ist, trägt zerstörerische Züge in sich, da sie einem Gefühl von Eigennutz, Unterdrückung und Übervorteilung entspringen kann.

Beginnen wir unseren Tag mit dem Gedanken der Liebe und beenden wir unseren Tag auch mit diesem Gefühl. Liebe ist Ausdehnung, und wir laden alle Schwingung, alles Leben ein, in dieser wundervollen Haltung zu sein oder dorthin zurückzufinden.

∞

Wir werden nur das erschaffen, was wir uns auch vorstellen können. Können wir uns gesund, glücklich, mit Liebe gesegnet, erleuchtet, erfolgreich, in einer erfüllenden Partnerschaft lebend, an einem harmonischen Ort, im Einklang mit der Erde vorstellen? Glauben wir uns selbst?! Das ist das ganze Geheimnis.

Es gibt nur eine Einschränkung: Manchmal sind starke Ängste und Erschütterungen in einem Lebensbereich in unserer Erinnerung gelagert, sodass alle unsere Negativschwingungen zunächst einmal

Form annehmen, sobald wir diesen Bereich verwirklichen möchten. Das kann sehr erschütternd für uns sein und uns sehr schmerzvoll berühren.

Ein Lösungsweg ist, unerschütterlich an der reinen, bedingungslosen Liebe festzuhalten. Allmählich wird sich durch diese Schwingung jener Bereich unseres Lebens klären, und wir werden dann in der Lage sein, diese Liebe sichtbar werden zu lassen. Dann sind wir angekommen in diesem reinen Feld der Möglichkeiten, in der Liebe. Lassen wir uns nicht beeindrucken, auch wenn die Wellen hoch schlagen und sich zerstörerische Ausmaße zeigen möchten.

Bleiben wir bei der Liebe, sie wird alles Angstvolle auflösen und uns zurückführen zu dem, was wir ursprünglich als konstruktive Kreation geplant hatten. Liebe und Dankbarkeit sind dabei sehr ähnlich schwingende, kraftvolle Umwandlungsmöglichkeiten. Reinheit kann bei der Manifestation ebenfalls ein bedeutungsvoller Aspekt sein. Aus welchem Beweggrund heraus möchten wir etwas erschaffen? Ist der Beweggrund Angst oder Gier, werden wir diesen Gefühlen Formen und Ausdruck verleihen. Das kann sehr unschön wirken. Wir befinden uns dann in einer Wiederholung von Schmerz und wir werden alle Strukturen, die ebenfalls Angst und Gier verwirklichen möchten, einladen. Nur die reine, bedingungslose Liebe ist eine Schwingung, die beständige Form erschafft. Alles aus anderen Beweggründen Erworbene wird wieder zerfallen.

Wir erschaffen aus uns selbst heraus, wir bilden uns ganz und gar ab. Das bedeutet, wir können nichts verbergen. Energetisch sind wir vollkommen transparent. Es geschieht das, was wir sind.

Die Schöpfungskraft der Essenz Gottes beruht auf Gleichmaß, Liebe, Freiheit und Fortsetzung der jeweiligen Energie, die ausgesandt wurde. Beruhen unsere Absichten auf Eigensucht, erschaffen wir ein Gefälle von Energien; wir erzeugen dann Schwingungen von Hierarchien für uns selbst und den Raum um uns herum. Tragische Lebenssituationen basieren oft auf diesen hierarchischen Strukturen. Es bilden sich Abhängigkeiten, Angst, Hass und Gier.

➤ Haben wir den Eindruck, wir benötigen sehr viel Materie, um uns beschützt zu fühlen, so können wir beginnen, in uns Schutz und Liebe zu erschaffen, um unser empfindsames Wesen zu beruhigen und zu stärken.

➤ Haben wir eine Position eingenommen, in der wir viel Materie bewegen, aber keine Ruhe finden oder keinerlei Ressourcen für uns entwickeln, so deutet das darauf hin, dass wir uns selbst mehr Liebe und Aufmerksamkeit schenken möchten. Mehr Glaube und Aufrichtigkeit für uns selbst sollten entstehen, dann entwickeln wir Güte, die in unserem Leben Einzug hält.

➤ Nehmen wir eine Position in unserem Leben ein, in der wir sehr viel geben und wenig zurückbekommen, können wir lernen: Auch wir selbst sind liebenswürdig, und wir dürfen uns glücklich machen. Unsere eigenen Bedürfnisse sind nicht mehr oder weniger bedeutungsvoll als die Bedürfnisse derer, die um uns herum erscheinen.

➤ Erscheinen Sucht oder starke Not, weisen sie auf eine Position im Leben hin, die eine große Hilflosigkeit widerspiegelt. Wir sollten uns liebevoll annehmen, uns selbst dabei helfen, uns anzuerkennen als Ausdruck des vollkommenen Ewigen.

Bei all diesen Positionen haben wir an Gleichmaß verloren. Das bedeutet, wir haben etwas oder jemanden als wichtiger erklärt als uns selbst und erzeugen nun einen gestörten Klang. Wir verleumden unsere eigene Schönheit und Liebe aus Unsicherheit heraus. Etwas ist geschehen, was uns beeindruckte, und wir hielten dieses Geschehen als bedeutungsvoller als uns selbst. Beginnen wir, uns jetzt Hilfe, Liebe und Unterstützung zukommen zu lassen. Diese tragischen Ereignisse erleben nahezu alle Menschen in größerer oder kleinerer Ausprägung, und verinnerlichen sie. Diesen Schmerz drücken wir dann in all unserem Erschaffen immer wieder aus. Manchmal liegt er tief in uns verborgen, und so wird er sich auch tief vergraben in unserem Erschaffenen widerspiegeln. In unseren Begegnungen, in unserer Arbeit, in unserer Liebe oder auch in unserer körperlichen Verfassung wird sich dieser Schmerz darstellen.

Es ist so wichtig, diesen Schmerz in uns zu heilen und Liebe einkehren zu lassen. Durchbrechen wir diesen Zyklus von immer wieder auftretendem Schmerz und Kummer. Heilen wir uns mit unseren ureigenen Möglichkeiten, uns selbst anzunehmen und anzuerkennen. Beginnen wir nun, uns selbst zu helfen. Beginnen wir auch, uns bedingungslos zu lieben. Alle Menschen sind gleich, es gibt nichts oder niemanden, der wichtiger sein darf als wir selbst und das Ziel, die tiefe Liebe zurückzugewinnen. Heilen wir unsere tiefen Demütigungen. Nur wir selbst können uns grundlegend befreien – würde es jemand anderes versuchen, würden wir die Erlaubnis dazu wahrscheinlich nicht erteilen.

Dieses persönliche Dilemma, ein Gefälle, eine Hierarchie zu kreieren, hat sich als weltweites Problem ausgebreitet. Beginnen wir, in unserem Herzen für uns selbst und für alles was geschehen ist, Liebe aufzubauen, so beginnen wir auch dieses ernsthaft beste-hende Gefälle, welches auf der Welt vorherrscht, zu mildern. Diese Betrachtung ist grundlegend für die Heilung jedes Einzelnen, wie auch für die Heilung zwischen Ländern und Kontinenten.

∞

Durch die Liebe, die wir uns zukommen lassen, befreien wir uns
zunehmend von Abhängigkeiten oder Co-Abhängigkeiten.
Wir heilen uns von Süchten und Ablehnungsstrategien.
Das bedeutet für uns persönlich, ein liebevolles Umfeld zu schaffen.
All unsere tiefsten Anliegen werden in Erfüllung gehen.

Gleichzeitig bewirken wir mit dieser tiefen Erkenntnis eine globa-le Umwandlung, die soziale und wirtschaftliche Gefälle mildert. Sobald sich mehr und mehr Menschen diesem Prinzip der inneren Liebe zuwenden, nehmen Übervorteilung, Gier und Unterdrü-ckung ab. Wir selbst sind der Schlüssel für eine globale Umwand-lung. Unsere eigene Ausstrahlung und Ausrichtung ist von großer Bedeutung. Menschen mit diesem inneren Prinzip der Liebe wer-den fairen Handel betreiben und umsichtig mit den verbleibenden Ressourcen umgehen.

Verabschieden wir uns von dem Bild der inneren Bedürftigkeit oder der Angst vor materiellem Notstand: Sie drücken unsere in-nere Not und unseren inneren Mangel aus. Und mit jeder daraus entstandenen Aktivität geben wir sie weiter und erzeugen somit erneut ein Ungleichgewicht. Um erfolgreich im materiellen Gefüge agieren zu können, brauchen wir unsere innere Kraft, hervorgeru-fen durch aufrichtige Liebe zu uns selbst. Glauben wir uns selbst, dass wir uns verwirklichen können. Glauben wir daran, dass alles für uns bereit liegt, sobald wir diesen Schmerz in uns annehmen und ihn in die Liebe zurückbringen. Wir verfügen dann über ein unvorstellbares Potenzial an Kraft für eine konstruktive Vorgehensweise. Sämtliche Blockaden lösen sich auf, da sie sich nur durch mangelnde Liebe in unserem System erhalten können.

Es ist dann, als würden wir über ein energetisches Abwehrsystem verfügen, was äußere destruktive Energie anbelangt. Sie prallen von uns ab. Diese Energien berühren uns nicht mehr.

∞

Jesus lehrte: »Liebe deinen Nächsten wie dich selbst.«
Haben wir begonnen, uns selbst anzunehmen und zu lieben,
werden wir auch Liebe weitergeben können.

Wir werden unsere materiellen Systeme nicht mehr nach dem Prinzip der Unterdrückung ausrichten. Wir werden lehren, wie auch andere Menschen lernen, sich selbst zu lieben und ihre Achtung vor sich selbst zurückgewinnen können. Wir lassen dann Systeme entstehen, die frei von Bedingtheit und Angst gedeihen. Wir lehren dann die Prinzipien der Selbsthilfe und Eigenverantwortung. Das sind Wege für selbstbestimmte und unabhängige Märkte.

Liebe macht uns glücklich, frei und unabhängig. Der erste Schritt der Selbstliebe ist die Achtung vor uns selbst. Die Achtung vor uns selbst bedeutet: Wir lernen zu verstehen, dass alles aus uns selbst heraus geschieht. Alles ist eine Widerspiegelung unseres Selbst. Begegnen wir uns selbst hingegen mit Missachtung, bedeutet das: In allem, was erscheint, wird uns Missachtung entgegentreten. Wir haben dieses Gefühl dort hinein gewoben. Nun wird es erneut in uns Missachtung auslösen, schließlich werden wir Missachtung ernten, Misserfolge treten auf. Die anderen Menschen weisen uns darauf hin. Indem es sich uns darstellt, können wir es ablesen und verstehen. Wir können dann beginnen zu lernen, uns selbst mit mehr Respekt zu begegnen. Der Prozess ist oft schmerzlich, da wir uns abgelehnt fühlen und dazu neigen, dies auf die anderen zu schieben. Oder aber wir begeben uns noch stärker in die Anstrengung, um einen Erfolg kreieren zu können.

Achtung für uns selbst heißt, uns selbst wahrzunehmen:
Was sind meine Interessen, und womit fühle ich mich wohl?

Dieses sind wichtige Fragen, die wir uns stellen können. Sind wir in diesem Prozess, sollten wir die Situation »anhalten« und auf uns selbst achten. Wir sollten damit beginnen, einen Schritt zurückzutreten und neue Bedingungen für uns zu erschaffen. Die Situation fordert uns in dem Moment auf, uns selbst anzuschauen.

Haben wir begonnen, uns diese Achtung zukommen zu lassen und sind bereits dabei, neue Bedingungen für uns zu erschaffen, ist der nächste Schritt die Selbstliebe und Selbstannahme. Wir haben uns durch unsere veränderte Wahrnehmung der Situation und unsere eingeleitete Konsequenz ein Geschenk gemacht. Die Selbstliebe in uns zu erwecken ist, als würden wir unser Inneres berühren, so, als würden wir ein Kind in die Arme schließen, um ihm nun Liebe, Geborgenheit und Schutz zu gewähren. Ein unmittelbares Gefühl von »Angenommen-Sein« breitet sich aus. Geben wir uns diesem Gefühl hin und lassen es wachsen. Wenn wir dann dazu bereit sind, verbinden wir unser Inneres so stark an die wiedergefundene Liebe, dass sich alle schmerzvollen Erfahrungen in uns auflösen.

Wiederholen wir diese liebevolle Hinwendung, als würden wir uns nun erst wiedergefunden haben und uns jetzt Schutz, Liebe, Zuneigung, Fürsorge und Aufmerksamkeit schenken. Immerfort lassen wir diese Liebe fließen, durch alle unsere Energien, Schichten und Zellerinnerungen. Das ist ein sehr kraftvoller Weg. Versuchen wir uns zum Beispiel vor dem Einschlafen immer mit dieser Liebe zu durchströmen.

Natürlich erschaffen wir unentwegt, und beschäftigen wir uns mit Realisierungsübungen, so ist das nur ein kleiner Zeitabschnitt, gegenüber den Aussendungen, die wir den ganzen Tag über unbewusst erzeugen. Somit ist es sinnvoll, unser Inneres auf eine Umwandlung von permanentem Wohlklang einzustimmen.

WÜNSCHEN OHNE BEDÜRFTIGKEIT

Möchten wir etwas ganz Bestimmtes in unser Leben hineinziehen, so ist es wichtig, sorgfältig zu prüfen, aus welchen Beweggründen es uns zukommen soll. Sind unsere Beweggründe befreit von Bedürftigkeit oder Gier, können wir beginnen.

Lassen wir das Objekt in unserer Vorstellung erscheinen. Alle rationalen Argumente, die ein Erreichen schwierig erscheinen lassen, schieben wir nun beiseite. Die Energie der unendlichen Intelligenz kennt keine Einschränkungen. Nur der Verstand bedient sich dieser Form von Argumentationen. Dann lassen wir die Vision, zum Beispiel von einem Haus, in unser Herz sinken und erfüllen uns selbst und diese Vision mit Liebe. Wir öffnen uns dann, um bereit zu sein, das Erscheinen zu erkennen und willkommen zu heißen.

Wichtig ist, dass wir ganz und gar klar sind mit dem, was in unser Leben Einzug halten soll. Haben wir diese Klarheit noch nicht erlangt, wird sich nichts Definitives realisieren können. Wir drücken dann unser Zaudern, unser Suchen oder unsere Unentschlossenheit immer wieder in neuen Erscheinungsformen aus. Das ist langwierig und anstrengend.

Diese Übung ist sehr kraftvoll. Entscheidend dabei ist, dass wir sie mit Liebe, Liebe und Liebe füllen. Wählen wir unsere Visionen sorgfältig aus, machen wir uns bewusst, was uns tief innerlich wirklich glücklich macht. Machen wir uns auch bewusst, was wir der Welt damit schenken können.

Bedenken wir für unsere Realisierungen: Übermäßiger Konsum kann auch als Zerstreuung oder Sucht erscheinen, um uns auf einen inneren Mangel aufmerksam zu machen.

Erschaffen wir aus einem ruhigen, gelassenen Gefühl von Liebe, wird es im Erscheinungsbild unserer Realität sichtbar werden.

3 ALLES IST EINE WIDER-SPIEGELUNG DEINES SELBST – FRAGEN UND ANTWORTEN

WIE KANN ICH MICH FINANZIELL ENTSPANNEN UND LERNEN, GUT FÜR MICH ZU SORGEN?

Es gibt keine finanzielle Entspannung, solange du diesem Thema mit Sorge oder Angst begegnest. Anspannung und Verzweiflung rufen noch mehr von dieser Schwingung der Anstrengung hervor. Finde genau heraus, wie du dich mit diesem Thema fühlen möchtest und beschreibe es für dich glasklar. Immer, wenn es um Geldangelegenheiten geht, rufe genau diese Vorstellungen in deiner inneren Betrachtung hervor. Glaube an sie. Denke mehrmals am Tag genau an diese Vorstellung. Zeichnet sich ein anderes Bild für einen Moment ab, löse dich davon und finde wieder zu dem Bild, das dich erfüllt, zurück. Glaube dir, du bestimmst deine Situation und deine Umstände. Je stärker du an äußere Umstände glaubst, umso mehr Macht haben diese über dich. Finde immer wieder zurück zu der Lebensvorstellung, die du dir von Herzen wünschst.

WIE WÜNSCHE ICH AUFRICHTIG UND ERFOLGREICH?

Wünsche sind zunächst einmal nichts anderes als innere Bilder. Sie können auf dieser Ebene bestehen bleiben, als inneres Bild, als Vorstellung, als Traum vom Leben, oder sich auf der Realitätsebene abzeichnen. Dann sind sie sehr exakt mit dem versehen, was der Wünschende hineingegeben hat. Ein realisierter Wunsch ist erfüllt von dem ursprünglichen Gefühl, aus dem dieser Wunsch entstanden ist.

Entsteht ein Wunsch aus Mangel an Liebe, Gesundheit, Fürsorge, Geborgenheit, so können sich zunächst Fülle und Überfluss zeigen, dann können jedoch sogar noch größere Mängel an Liebe, Gesundheit … aus dem realisierten Wunsch entstehen.

Der universale Ursprung ist die bedingungslose Liebe,
die in den Raum des Dualen eintritt und wieder in den
unendlichen Raum zurückkehrt.
Werde dir immer wieder darüber bewusst.

Entscheide vollkommen klar und deutlich, dass von nun an bedingungslose Liebe dein Leben erfüllen sollen. Wünschst du dir etwas, so wünsche es dir aus dem Potenzial der Liebe und bedingungslos; denn sonst kann möglicherweise alles andere eintreten und für dich das Gegenteil von Liebe und Frieden bewirken. Das kann zu viel größeren Problemen führen. Sei niemals zwanghaft im Umgang mit deinen Wünschen.

WIE WÜNSCHE ICH AUS LIEBE UND BEDINGUNGSLOS? GIBT ES EINE KONKRETE ÜBUNG, EINEN KONKRETEN VORGANG, DEN ICH ERLERNEN KANN?

Werde dir zunächst darüber klar, dass du permanent kreierst. Du erschaffst den Raum mit allen Erscheinungsformen um dich herum. Mach dir das immer und immer wieder bewusst. Du erschaffst und du verwirklichst jeden Moment in deinem Leben. Sobald du Gefühle von Ablehnung hast, erschaffst du Ablehnung, sobald du Gefühle der Liebe fühlst, erschaffst du Liebe.

Um aus dem Potenzial der bedingungslosen Liebe zu erschaffen, ist es gut, dich in einen Zustand von Harmonie und Liebe zu versetzen.

Entspanne dich, löse dich von Erdachtem, löse dich vom Kommen und Gehen der Gedanken. Löse dich für einen Moment aus dem Alltäglichen und tauche ein in ein endloses, universales Feld der Liebe. Gib dir einfach den Auftrag dazu.

Dann teile dir mit, dass von nun an dein Leben sich aus diesem Potenzial der bedingungslosen Liebe gestaltet, dass dieses Potenzial in allem enthalten ist und Ausdruck gewinnt. Öffne dein Herz für diese Liebe. Dann bitte diese bedingungslose Liebe, deine Formen für dich zu finden und auszufüllen. Das wird dann geschehen, unmittelbar.

IN RESONANZ MIT DER LIEBE

1. Ich entspanne mich, löse mich von Gedanken und dem alltäglichem Geschehen.

2. Nun tauche ich ein in ein universales Feld der Liebe.

3. Mein Leben gestaltet sich aus dem Potenzial der bedingungslosen Liebe, die in allem enthalten ist und nun in mir zu schwingen beginnt. Ich begebe mich in Resonanz mit der Schwingung der bedingungslosen Liebe.

4. Ich öffne mein Herz für die Liebe.

5. Ich bitte die universale Liebe, eine neue Form für mich zu finden und mich damit ganz auszufüllen. Es geschieht unmittelbar.

Stell dir immer und immer wieder vor, wie dieses Feld der bedingungslosen Liebe dich erfüllt und dein Leben auf vollkommen neue Weise verwirklicht.

Das ist das höchste Ziel der Verwirklichung. Werte und beurteile möglichst nicht. Löse dich von deinen Ängsten. Lass alles durchdrungen sein von dieser vollkommenen Liebe.

Und so wird sich dann auch die Form darstellen. Deine Beziehungen, deine Beziehung zu dir selbst, deine Arbeit, dein Körper, deine Gesundheit, dein Zuhause.

Dieses Potenzial der Liebe findet immer den Weg zu dir und zu deinem Anliegen, innerhalb dieses Potenzials besteht eine eigene

Form von Intelligenz. Irgendwann bist du ganz durchdrungen von diesem Potenzial, das bedeutet Erleuchtung und Glückseligkeit.

WIE KANN ICH MICH AM SCHNELLSTEN IN DIE POSITION ODER SCHWINGUNG VON LIEBE HINEIN BEWEGEN?

Die Schwingung von Liebe besteht aus gleichförmigen Wellen; diese strömen aus und verbinden sich mit sehr großen Energiefeldern, die auf der gleichen Wellenlänge schwingen. Für Menschen ist es ein Wohlgefühl, diese Schwingung zu spüren und zu erleben. Es entsteht ein Feld der Ausdehnung, der harmonischen Resonanz. Es beginnt sich alles spielerisch anzufühlen, voller Leichtigkeit und Vertrauen. Um diese Schwingung zu erzeugen, brauchst du sie dir nur vorzustellen. Deine Vorstellungskraft erzeugt bereits Realität.

DIE SCHWINGUNG DER LIEBE

Du kannst es dir auch abstrakt vorstellen, zum Beispiel als eine Wellenschwingung, die du erzeugst, in einer oder mehreren Farben. Diese werden von dir ausgesendet, über deinen Herzraum, deinen Brustkorb, oder auch über den Solarplexus. Mögliche Ausstrahlungen sind auch die des Dritten Auges oder des Scheitelpunktes. Stell dir nun intensiv vor, wie du sendest. Ununterbrochen, Tag und Nacht sendest du Energiewellen aus.

Diese Energiewellen erzeugen deine Realität. Mache dir mehrmals täglich und auch vor dem Einschlafen bewusst, dass du so viel wie möglich harmonische Energien von Liebe oder komprimierter Liebe aussenden möchtest.

Trainiere das, als würdest du einen Muskel trainieren. Schwingung der Liebe, Schwingung der Liebe, Schwingung der Liebe, Schwingung der Liebe ...

Sobald du deine Aussendung von Energiewellen in die bewussten Bereichen hineinbringen kannst, geschieht etwas mit dir. Und dann beginne, übe, und werde gewahr, dass du der Schöpfer deines Raumes bist. Diszipliniere dich, als würdest du einen neuen Sport betreiben. Du kannst dir auch am Anfang mehrmals täglich einen Wecker stellen und dir dann jede dritte oder vierte Stunde die Frage stellen: »Was habe ich gerade erzeugt? War es Liebe?« Wenn nicht, erzeuge nun ein paar Minuten bewusst diese Schwingung der Liebe, in harmonisch geformten Wellen in einer dir angenehmen Farbe oder mehreren Farben.

Sende diese Schwingungen hinaus in all deine Bereiche des Lebens: deine Liebesbeziehung, dein Wohlbefinden, zu deinem Körper, zu deiner Familie, deinem Zuhause, deinem Beruf, deinen Freunden.

Sende diese Schwingungen auch zu dem Planeten Erde, zu allen Ressourcen, Ländern, so wie ins gesamte Universum, in den unendlichen Raum hinein.

Strahle nun diese Schwingung der Liebe auch zu deinem Geist und zu deiner Seele aus.

Es ist auch möglich, dir diese positive Schwingung vollkommen abstrakt ins Gedächtnis und ins Herz zu rufen, indem du dir harmonische, farbige Wellen, aus deinem Herzraum ausströmend, vorstellst.

Du wirst sehen, bereits nach einer Woche bekommt dein Leben eine völlig neue Qualität. Mache diese Übung, dieses Training, bewusst auch vor dem Einschlafen sowie kurz nach dem Aufwachen. Es sollte einer der ersten Gedanken am Morgen werden. Nach einer kurzen Zeit werden sich alle Problemfelder in deinem Leben auflösen.

Es ist nicht sinnvoll, sich an vergangene schmerzhafte oder traurige Ereignisse immer und immer wieder zu erinnern. Denn damit erzeugst du erneut Energiefelder von Schmerz, Mangel, Einsamkeit und Krankheit. Durchbreche diesen Zustand, indem du vollkommen bewusst diese Liebesschwingung erzeugst.

Dieses Training funktioniert wie eine große reinigende Kur. Energiefelder von Angst, Zweifel, Schuld, Schmerz, Trauer, Gier, Misstrauen, Depressionen werden von dir abfallen. Diese Felder können nicht mehr anhaften, du hältst diese Schwingungen nicht mehr in deinem Energiefeld fest. Du nährst sie nicht mehr, sie werden sich auflösen. Das ist revolutionär einfach!

Begib dich selbst durch deine ausgestrahlten Energiewellen in eine neue Dimension der Schwingung, die feiner, höher und friedvoller ist als alles, was Du bisher erfahren hast.

Vertraue diesem Konzept, mache dich zu deinem eigenen Trainer. Wer kennt dich besser als du selbst? Wer kennt deine Gedanken besser als du selbst? Am besten, du beginnst schon heute. Du benötigst weiter nichts als deine Aufmerksamkeit, deine Konzentration für dieses revolutionäre, einfache Programm.

Stelle dir diese harmonisch schwingenden, farbigen Wellen von Liebe vor, die du aussendest. Es funktioniert. Du wirst sehen! Wichtig ist auch, dass du die Verantwortung für dich selbst übernimmst, nur dann kannst du deine Situation verändern. Alle Lösungspotenziale liegen in dir selbst, das bedeutet: Der Eindruck von Passivität, Hilflosigkeit und Abhängigkeit verhindert die Umwandlung oder Lösung der jeweiligen Position.

Du selbst erschaffst deine Realität, und erst wenn du Begrenzungen annimmst und in dieses Schwingungsfeld der Liebe führst, wird sich deine Position im Leben positiv verwandeln.

∞

Bleibst du in dem Schwingungsfeld des Bedauerns, der Hilfsbedürftigkeit, setzt du diese Felder fort in den nächsten Moment sowie in den darauffolgenden Tag, den darauf folgenden Monat, das darauf folgende Jahr.

Um aus einer schwierigen Situation herauszuwachsen, trainiere konsequent und dauerhaft. So als wärest du ein Leistungssportler. Du stehst immer wieder auf! Deine Entschlossenheit führt dich zu deinem Erfolg! Vielleicht gibt es am Anfang Rückschläge, lass dich nicht beeindrucken. Mach einfach weiter. Die harmonische Schwingungswelle wird täglich an Kraft und Ausdehnung gewinnen. Sie wird die positive Schwingung der Liebe für dich tragen.

Alles wird in deinem Resonanzfeld erscheinen, alles wird zu dir strömen, als würdest du getragen sein von einer großen Welle der Liebe, des Glücks, des Gelingens und der positiven Erfahrungen.

Auch um glücklich, gesund und erfolgreich zu sein, braucht es Mut. Bring diesen Mut für dich selbst auf. Erlaube dir, ein vollkommen glückliches Leben zu führen. Mache dir bewusst: Wenn du aus Solidarität mit den Problemen der Welt leidest, wirst du damit niemandem helfen können.

∞

Mit der Trauer, der Depression und der Lähmung über die Schwierigkeiten der Welt lässt sie sich nicht verändern. Um etwas zu verändern, bedarf es an Liebe, Kraft, finanzieller Mittel, Weitsicht, Klarheit und Konsequenz.

Versuche eher, die Menschen aufzuklären, wie sie sich selbst helfen können, wie sie es schaffen können, in diese kraftvolle Erzeugung der harmonisch schwingenden Energie zu gelangen. So gibst du ein Konzept der Unabhängigkeit, der Freiheit und der Liebe weiter. Versuche dir vorzustellen, dass sogar Menschen in armen Gebieten der Erde diese Möglichkeit für sich nutzen. Schon wenn du diese Überzeugung in dir verankerst, wird es Realität werden. Alles ist Bewusstsein, versuche das mehr und mehr in deine Realitätsauffassung einfließen zu lassen. Du entscheidest, mit welchen Schwingungsfeldern du dich verbindest, und du erzeugst jeden Moment deines Lebens energetische Ströme, aus denen Realität erwächst.

Realität besteht aus bewusster Energie. Verdichtete Schwingungsfelder von Bewusstseinsstrukturen nehmen wir als Materie wahr. Somit besteht auch dein Körper aus Bewusstsein.

Das Problematische daran ist, dass Menschen die überwiegende Zeit unbewusst aussenden. Finde für dich selbst heraus, wie du bewusster, klarer, Energien erzeugen kannst. Fördere dich, indem du lernst, positive Gedanken und positive Empfindungen zu haben. Hilf auch anderen Menschen, positivere Bewusstseinsebenen zu erreichen, indem du dich liebevoll, tolerant, konsequent und klar verhältst.

4 DIE ESSENZ GOTTES

Was ist sie nun, diese göttliche Essenz? Wie kann ich sie mir vorstellen und damit arbeiten, um mein Leben erfüllter und reicher werden zu lassen? Warum bleibt die Essenz Gottes uns so oft verborgen? Weshalb benutzen anscheinend so wenige Menschen diese Kraft?

Kommen wir zu dem Kernthema dieses Buches und versuchen, die Essenz Gottes in Worte zu kleiden. Wir bewegen uns unentwegt in einem Erfahrungsraum, den wir selbst geschaffen haben. Wir erschaffen permanent aus dieser Essenz Gottes unsere Realität. Es ist ein Mysterium, was aus unseren Gedanken und Gefühlen greifbare Realität formt. Wir alle kennen dieses Geheimnis und nutzen es jede Sekunde unseres Lebens, oftmals ohne jemals ein Bewusstsein dafür zu entwickeln. Es ist das Geheimnis unseres Seins, und dieses entschleiern wir mehr und mehr.

Unsere Seele ist erfüllt von dieser Essenz, wie eine Art
von Energie erzeugendem Aspekt in uns.

Unsere Seele ist individuell, und somit erschaffen wir uns eine individuelle Realität. In dieser, unserer Realität, möchten wir uns erfahren, wir möchten uns ausdrücken. Wir möchten staunen lernen über unsere eigenen Wunder, die wir kreieren können. Erst ist es ein wundersames Spiel.

Zunächst einmal wohnt sehr viel Schönheit in diesem seelenvollen Sichtbarmachen. Die Essenz Gottes ist somit ein erschaffendes Fluidum, das aus uns herausströmt und erschafft. Es erschafft unsere Körper, Gedanken und Gefühle ebenso wie unsere Begegnungen, unsere Partnerschaft, unsere Berufswahl. Einfach jeden Moment, alles in uns und um uns herum. Jedes Haus, Auto, jede Verbindung, die wir eingehen, entsteht aus ihr. Wir sind durch sie vollkommene, freie und unabhängige Wesen. In diesem schöpferischen Ausprobieren sind wir sehr weit gegangen. So wollten wir auch erfahren, was geschieht und was wir empfinden, wenn wir jemandem etwas wegnehmen oder Angst erzeugen.

Was geschieht, wenn wir Macht und Ohnmacht erzeugen? Wie fühlt es sich an, wenn wir uns besser fühlen, überlegener als die Menschen, die uns umgeben? Wie starke Abgründe können wir erzeugen? Wie fühlt es sich an, wenn wir alles zerstören? Was passiert, wenn wir versuchen, uns selbst zu zerstören? Wie weit können wir gehen, indem wir Menschen oder Tieren die Würde nehmen? Wenn wir das zerstören, woran andere Menschen glauben, was sie glücklich macht? Was geschieht, wenn wir Abhängigkeiten herstellen? Wie entmachten wir uns selbst oder andere?

DIE ENTSTEHUNG DES EGOS

Alle diese Erfahrungen haben wir aus unserer wunderbaren Essenz kreiert und damit sehr viel Schmerz erzeugt. Mit dieser Essenz, mit diesem seelenvollen Fluidum ist dann etwas geschehen, da die Schöpfungsergebnisse unerträglich wurden. Diese Essenz hat sich verkapselt, tief in unsere Seele hinein, in unserem Herzraum. Um weiter erschaffen zu können, haben wir etwas Neues in uns entwickelt, eine neue Instanz ist entstanden. Wir alle kennen diese Instanz und haben ihr den Namen Ego gegeben. Nun können wir wählen: Erschaffen wir aus unseren Seelenraum oder erschaffen wir unsere Realität aus unserem Ego? Eine Dualität ist für uns entstanden.

Beginnen wir unsere Sinne zu schulen, wissen wir sehr genau, wann wir uns in der Schöpfung des Egos befinden und wann wir entstehende Realität aus dem Seelenraum erleben. Die Realität, die aus dem Ego entsteht, ist schmerzvoll und nicht von Dauer. Wir begeben uns mit ihr auf eine Ebene, auf der alles um uns herum aus diesem »Ego-Raum« kreiert wurde. Wir erkennen das Ego daran, dass es Anspannung erzeugt, Anstrengung. Es lebt von Widerständen, von Not und von Macht. Wir fühlen uns auf dieser Ebene oftmals hilflos oder aber maßlos überlegen und beherrschend. Beides ist fatal und ein Ausdruck, der wieder in sich zusammenfällt. Es ist nicht von Dauer. Wir bezeichnen es oft als »Schall und Rauch«.

Tiefe Wunden und Tränen des Leids füllen die Geschichten,
die auf der Ebene des Egos entstanden sind.

An anderer Stelle in diesem Buch ist das Ego beschrieben als jene Kraft, die uns vor der Liebe fliehen lässt. Die liebeserzeugende Substanz Gottes verkapseln wir in diesem Moment und umhüllen sie mit den Informationen des Egos.

Viele mystische Pfade empfehlen uns, wir sollten versuchen, in allem etwas Gutes zu sehen, auch wenn es sich als schmerzhaft darstellt. Wir sollten versuchen, in einem tragischen Umstand den Segen zu finden, der darin enthalten ist. Damit ist genau dieser Vorgang umschrieben: Die vollkommene Glücks- und Liebessubstanz, die Essenz Gottes, wurde ummantelt mit Informationen aus Egoismus. Gehen wir in das Innere dieser sich darstellenden Dramatik, finden wir Harmonie. Lösen wir die Ummantelung auf, erleben wir Liebe, Hilfe von außen und Wachstum. Oftmals erschaffen die Dramen in uns einen Zustand von Demut, des Neu-Denkens, der Neuorientierung, und wir erkennen dadurch die Substanz Gottes und erschaffen dann etwas sehr Schönes und Erweiterndes für uns.

∞

Halten wir also Ausschau nach diesem Inhalt, unabhängig davon, wo wir uns gerade befinden, ob in tiefem Schmerz oder in wachsendem Glück. Wir können jede Situation nutzen, um zu verstehen und zu lernen, die Substanz Gottes in allem zu erwecken.

Vielleicht kennen wir das Gefühl und die Stimmung, dass alles trüb, schwerfällig und leidvoll erscheint und plötzlich die gleiche Situation oder Umgebung, von einem gnadenvollen Zauber erfüllt, auf uns völlig Glück verheißend wirken kann. In der einen

Situation ist es die Perspektive des Egos und des Schmerzes und in der anderen, erfüllten Betrachtung die pure Essenz Gottes, die sich offenbart.

Aber wie können wir nun lernen, immer in diesem wunderbaren Gefühl von Getragenwerden, von Liebe und Erfüllung zu leben?

Beginnen wir uns genau zu beobachten: Was erzeugen wir tagein, tagaus? Welche Schwingungen sind es? Sind es Schwingungen der Angst, der Wut? Ist es Ohnmacht, Not, Streit? Erschaffen wir Abhängigkeiten? Oder leben wir in einer Co-Abhängigkeit? Fürchten wir uns oft? Sind wir missmutig, übellaunig, trotzig? Fühlen wir uns überlegen? (Auch das Gefühl von spiritueller Überlegenheit ist ein Ausdruck von Ego. Und wird oft als spirituelles Ego bezeichnet.)

All diese Gefühle oder Stimmungen sind Ausdruck unseres Egos. Es sind ausgrenzende Bereiche, die zurückgeführt werden möchten in die Liebe, in die Essenz Gottes. Wir können unsere Realität nicht von dauerhaftem Glück aus dieser Ebene kreieren. Alles wird einstürzen wie ein Kartenhaus. Beobachten wir uns also sehr genau und überprüfen unsere inneren Intentionen. Entstanden sie aus der Quelle der Liebe? Dieses, was wir Ego nennen, windet sich oftmals und versucht sich einzuschleichen in den wunderbaren Zauber, den wir erschaffen können. Es möchte mitspielen.

Durch Gewalt, Anstrengung und Ausgrenzung werden wir
das Ego nicht überwinden können. Denn dann sprechen wir in der
Sprache des Egos und verstärken es nur.

Aber es gibt wunderbare Möglichkeiten für diese Transformationen, in die Essenz Gott einzutauchen und aus ihr zu leben.

TRANSFORMATION DES EGOS

1. Beginnen wir zu lachen. Lachen wir, bestenfalls über uns selbst. Damit lösen sich diese starren Verkrustungen. Wir sind frei, wir dürfen Fehler machen. Wir können jederzeit beginnen zu verstehen und aufwachen und alles in das Gefühl von Liebe bringen.

2. Lieben wir dieses Spiel, das wir Leben nennen. Denken wir an einen guten Film, dort ist alles enthalten. Liebe, Drama, Zerstörung und erneut Liebe. Ohne die Dramen und den Schmerz können wir die Liebe oftmals nicht genug wertschätzen. Sie erscheint uns selbstverständlich und zu leicht zu erreichen. Wir möchten manchmal kämpfen und uns anstrengen, um etwas zu erreichen.

3. Wir erinnern uns: Alles ist Information, der Raum um uns herum ist gefüllt mit Bewusstsein, mit der Essenz Gottes, so wie wir selbst davon erfüllt sind. Beginnen wir zu kommunizieren, bitten wir um Erkenntnis, um die Transformation unseres Egos. Bitten wir darum, diese Instanz in uns zu überwinden und somit unsere Realität nicht länger mit dieser Ummantelung zu kreieren. Es wird geschehen, worum wir bitten, wenn wir auf »Empfang« eingestellt sind, das heißt unser Herz in Vertrauen und Liebe geöffnet ist.

4. Beginnen wir das Gute in allem zu sehen. Segnen wir die

Not, den Mangel, den Schmerz, der uns umgibt, so erwecken wir die Essenz Gottes in allem. Sie wird erscheinen, die »Verkapselung« wird sich auflösen.

5. Seien wir getrost, jedes Ereignis, alles besteht aus der Essenz Gottes, auch wenn wir etwas für einen Moment mit dem Mantel des Egos oder des Schmerzes umhüllt haben. Die Essenz Gottes wird sich offenbaren. Es ist die Kraft des gesamten Schöpfungsraums, losgelöst und unabhängig von individueller Schöpfung. Weiter, stärker, unendlich und ewig ist diese Essenz Gottes.

Nun liegt es also an uns selbst, unsere Gedanken und Gefühle genau zu betrachten und zu untersuchen. Jede negative Regung in uns deutet auf ein Muster von Ego oder Bedürftigkeit hin. Sie weist darauf hin, dass wir uns nicht angenommen, dass wir uns ausgegrenzt fühlen.

Auch wenn wir den Eindruck haben, an jemanden oder etwas ausgeliefert zu sein, wenn wir das Gefühl haben, jemand übt Macht über uns aus, deutet dies auf Strukturen des Egos hin. Wir dienen einem anderen Ego, wir haben uns dann diesem anderen Ego ausgeliefert. Mit unserer Ohnmacht mehren wir die Strukturen des Egos in unserem Gegenüber, dieses wird immer stärker und stärker, wir selbst werden schwächer und schwächer. Die Wege des Egos sind oftmals trickreich – aber werden wir sehr klar in unserer Betrachtung und Deutung.

Schmerz und Unbehagen bedeuten immer, dass wir einem
Ego dienen. Alle Abhängigkeiten und Co-Abhängigkeiten stärken
und unterstützen zerstörerische Kräfte.

Befinden wir uns in Beziehungen, die ein ungleiches Gefälle bilden, in der eine Position von starker Hilflosigkeit geprägt ist und die andere Position machtvoll erscheint, so sind dies Bilder und Strukturen von Ego. Wir können andere Menschen nur darin unterstützen, ihre eigene Kraft, ihre individuellen Begabungen zu leben und so unabhängig und frei ihren Weg zu meistern. Das ist unsere Aufgabe, diese Ungleichgewichte aufzubrechen und andere Menschen darin zu fördern, sich selbst weiterzuentwickeln, sich selbst zur Entfaltung zu bringen. Wir sollten uns von den Rollen der Macht und Ohnmacht befreien, in allen Lebensbereichen.

DER WEG DER HEILUNG

Heilen wir Bedürftigkeit, Ängste, unsere Gefühle von Ohnmacht. In diesem Buch haben wir einen überaus wirksamen Schlüssel dafür erhalten: die Kommunikation mit der göttlichen Essenz.

Glauben wir dem Schmerz, der Angst, der Trauer in unserem
Leben nicht mehr. Wir können alles aktiv verändern.

Auch wir können unser Leben zur vollkommenen Blüte bringen. Jeden Moment unseres Lebens können wir uns für Wachstum,

113

Heilung und Glück entscheiden, unabhängig davon, wo wir uns gerade befinden. Äußern wir dies aufrichtig mit innerer Festigkeit, wird die Essenz Gottes es für uns einrichten. Heilung beginnt mit spiritueller und emotionaler Heilung. Reichtum und Fülle beginnt mit der Hinwendung und Liebe zu uns selbst, mit der Selbstwertschätzung. Heilung unserer Beziehungen beginnt mit der Transformation und Überwindung von Besitzdenken, von Strukturen des Egos wie Macht und Ohnmacht. Die Heilung unserer Bedürftigkeit führt uns zu einem tiefen, dauerhaften Glück, einem Strahlen, das vollkommen unabhängig von Begebenheiten in uns erwacht.

KONZENTRATIONSÜBUNG

Stellen wir uns vor, wie wir selbst und alles, was uns umgibt, aus dieser vollkommenen, strahlenden Essenz Gottes besteht. Aktivieren wir und bringen wir diese Essenz mit uns in Resonanz, indem wir unsere Seele aufrufen, diese Essenz für uns sichtbare, fühlbare und greifbare Realität werden zu lassen. Visualisieren wir, wie Strukturen aus Ego, die diese Essenz verdeckt hielten, beginnen zu schmelzen und diese strahlende Kraft freigeben. Kommunizieren wir mit der Substanz Gottes, drücken wir unsere Dankbarkeit aus, unsere Liebe und unsere Anliegen. Beschließen wir, den Weg des Wachstums zu wählen. Verweilen wir in diesem Licht, solange wir möchten. Und kommen schließlich zurück, um unsere Vorhaben tatkräftig anzugehen. Gestärkt und gereinigt.

Natürlich können wir in jeden Moment unseres Lebens mit der Substanz Gottes kommunizieren: in wichtigen Verhandlungen, in Diskussionen, in akut problematischen Situationen, die wir lösen möchten, beim Sport. Vor dem Einschlafen und nach dem Aufwachen ist es besonders wirkungsvoll. In Situationen von tiefer Trauer genauso wie in Momenten des Glücks. Alles wird sich dadurch verwandeln.

WUNDER ERZEUGEN

Kommen wir nun zu dem wohl größten Geheimnis, das auf Erden möglich ist. Wie erzeugen wir Wunder für unser Leben oder das Leben anderer, die wir lieben? Dieses Mysterium ist ein Funke von dem, was uns die spirituelle Welt offenbaren kann.

Was ist ein Wunder in unseren Augen? Die Heilung von einer schweren Krankheit, das Verhindern von Unfällen oder die unvorhersehbare Rettung, finanzielle Katastrophen, die sich in letzter Minute auflösen. Den Menschen zu finden, den wir über alles lieben unter den Millionen von Mitmenschen. Nach einem Leben mit viel Anstrengung und Armut der große Durchbruch, die Verwirklichung, ein durchschlagender Erfolg. Das Neugeborene im Arm zu halten, nach jahrelangem unerfüllten Kinderwunsch. Ein geliebter Mensch, der den Moment des Todes überwand und uns noch einige Jahre auf der Erde begleiten kann. Ein verheerendes Unglück, das abgewendet werden konnte. Wie geschehen diese Wunder? Aus welcher Kraft heraus? Und wie können wir mit dieser Kraft in Kontakt treten?

∞

Ein Wunder erschüttert das logische Denken mit Vehemenz.
Dieses Geschehen fegt die Starre unserer Begriffswelt hinweg,
lässt uns erahnen, dass ein Raum jenseits von unserem Denken
und unserer Auffassung vom Leben besteht.

Wir alle können Wunder bewirken, da sie nicht im geringsten mit unserer persönlichen Kraft zu tun haben. Nicht einmal zwangsläufig mit unserem Glauben. Es ist etwas weitaus Größeres, das durch uns geschieht. Wir sind nicht einmal Mittler, wir sind nur Beobachter, Zeugen oder Überbringer. Wunder geschehen durch die Wirklichkeit anderer Dimensionen, die für einen Moment alle Gesetze dieser Ebene außer Kraft setzen. In diesen Dimensionen herrschen andere Gesetze. Die Verdichtung der Materie ist dort nicht vorhanden und kann dadurch, auf eine für uns nicht logische Weise, diesen Raum verändern.

Ein überaus heiliges Prinzip, denn wir erfahren etwas, was wir mit Gnade umschreiben können. Was ist diese Gnade und was können wir tun, um Wunder zu bewirken? Wir können Wunder nicht bewirken, aber sie können durch uns geschehen, durch uns in die Sichtbarkeit eintreten. Sie drücken für einen Moment die wirkliche Kraft und Präsenz der Göttlichkeit aus, die hinter allem, für unsere Augen verborgen, liegt.

Wie viele Wunder haben wir bereits erlebt? Von welchen Wundern wurde uns bisher berichtet? Es geschehen laufend Wunder, kleine und große. In den meisten Fällen nehmen wir nur die großen wahr, wir sind zu sehr mit uns selbst beschäftigt. Wir sind zu sehr in der Dinglichkeit verstrickt. Forschen wir einmal nach, was bereits in unseren Familien oder in unserem Freundeskreis an

Wundern geschehen ist. Lassen wir uns in Erstaunen versetzen von den kleinen und großen Wundern, die uns diese Welt bietet. Es ist gut, unsere Augen daran zu schulen und unseren Glauben herauszufordern, um die Präsenz von Wunder einzuladen.

∞

Wir können uns Wunder nicht wünschen oder sie gar einfordern – das wird nicht funktionieren. Wir können uns nur dafür öffnen und daran glauben, dass weitaus mehr möglich ist, als wir uns das jemals erträumen könnten.

Unser Glauben kann so weit gehen, dass er zu einem Wissen wird. Wir wissen um diese Möglichkeiten, um diese Gnade. Wir wissen, dass das Unglaubliche geschehen kann. Es sind jene Kräfte, die Berge versetzen. Nur ein Hauch von Zweifel oder Angst lässt alles wieder einstürzen wie ein Kartenhaus. Gehen wir einfach wieder zu unserem Glauben über, sobald ein Moment des Zweifels eingetreten ist, lassen wir uns nicht beeindrucken von Angst oder Zweifel. Diese Gefühle sind Magnete für Zerstörung, und mit ihnen bewegen wir uns tiefer in die Spirale von Destruktion, Krankheit, Armut und so weiter.

Glauben ist die erste Kraft, die wir benötigen. Die zweite ist Offenheit. Sind wir wie ein geschlossenes Gefäß, können wir nichts Neues aufnehmen. Sich zu öffnen ist eine Hinwendung, eine Vorstellung, dass etwas ganz Großes möglich ist, dass es immer Lösungen gibt. Wenn wir geschlossen sind, kann diese große Kraft, diese göttliche Essenz nicht durch und wirken und auch keine Wunder entstehen lassen. Beobachten wir uns einen Moment: Wie gehen wir durch die Welt, geschlossen oder geöffnet? Haben wir eine vorgefertigte Meinung zu allem, auch zu dem, was noch nicht einmal eingetreten ist? Sind wir offen für andere Menschen, für Inspiration? Sind wir uns selbst gegenüber geöffnet? Nehmen wir uns wahr? Sind wir der göttlichen Quelle, der Essenz Gottes gegenüber geöffnet, jenem Mysterium, aus dem alles erdenkliche Leben entsteht? Möchten wir diese Kraft einladen in unser Leben, um alles schöner, liebevoller und reicher werden zu lassen? Oder sind wir eher mürrisch, unzufrieden, verzagt? Fühlen wir uns dankbar, dem Leben, dem Göttlichen und uns selbst gegenüber?

Ist das nicht der Fall? Dann können wir auch erst einmal für den Glauben, die Öffnung und das Vertrauen durch die Kommunikation mit der göttlichen Essenz bitten. Vertrauen wir dem Leben, unserem Glück und unserer Gesundheit? Vertrauen ist die Kraft, die uns zu einem starken Strom werden lässt. Mangelt es uns an Vertrauen, bedeutet dies, wir hadern.

Hadern ist eine Energie, die unser Energiefeld instabil werden lässt. Wir beginnen dann regelrecht »auszufasern« und verlieren an Kraft und Dynamik. Vertrauen, Glaube und Öffnung sind die Kräfte, die es uns ermöglichen, dass auch durch uns Wunder in dieser Welt entstehen können.

Fragen wir die Menschen um uns herum, was das größte Wunder war, dass sie je erlebt haben oder von dem sie gehört haben, so werden viele wunderbare Geschichten zu uns finden. Es sind Geschichten, die unsere Seele nähren und die diese Kraft der göttlichen Essenz immer präsenter werden lassen. Auch kleine Wunder können Großes bewirken und die Richtung eines Lebens vollkommen verändern. Die meisten der Wunder, die um uns herum geschehen, nehmen wir nicht einmal wahr, so sehr sind wir stark vom Betrachtungsfeld unserer modernen Gesellschaft eingenommen. Aber in jedem Moment geschehen Wunder: Heilungen, Begegnungen, Erfindungen, Entdeckungen; wir bewegen uns überwiegend sicher durch das Verkehrsgewühl; das Wunder der Liebe, immer wieder werden Menschen von der Liebe berührt, die geradezu versteinert waren. Das Wunder des Trostes. Manchmal denken wir vielleicht, es geht nicht mehr weiter, und dann erscheinen völlig unerwartete Lösungen. Es geschehen sehr viel mehr Wunder als Unglücksfälle. Diese Kraft ist sehr groß!

Wie nähern wir uns nun unseren eigenen Möglichkeiten, ein Wunder zu erleben, an? Es gibt zwei unterschiedliche Herangehensweisen. Zum einen möchten wir vielleicht eine langfristige Lösung, ein Wunder für einen schwerwiegenden Missstand, der über einen langen Zeitraum entstanden ist. Das andere ist, einen sofortigen, urplötzlichen Schutz zu erhalten, der uns bewahrt vor Unfällen oder schwerwiegenden Fehlern, vor Tragödien oder Missgeschicken.

DEM WUNDER DIE TÜR ÖFFNEN

➤ Machen wir uns zunächst einmal das Wunder unseres Lebens bewusst: Wie viel haben wir schon durchgestanden? Immer wieder sind wir weitergegangen, unerschüttert von Schicksalsschlägen, Irrungen und Wirrungen, die wir durchlaufen sind. Nehmen wir jetzt unseren Mut und unsere Kraft zusammen.

➤ Rufen wir sehr intensiv nach der Essenz Gottes, mit einer starken inneren Vehemenz.

➤ Vertrauen wir darauf, dass etwas geschehen wird, uns Hilfe zukommen wird.

➤ Befreien wir uns so weit es geht von der Negation und öffnen uns dann der wirklich großen göttlichen Lösung. Geben wir uns diesen Gedanken hin.

➤ Glauben wir, dass etwas geschehen wird, lassen wir Enge und Kontrolle los. Versuchen wir, eher die Augen offen zu halten für neue Wege, Zeichen, Boten.

➤ Tun wir alles Mögliche, um ein positives Ergebnis herbeizuführen. Die Möglichkeit der Wunder sollte uns nicht in Passivität verfallen lassen.

➤ Seien wir aktiv und stark, um alles anzunehmen, das Leben verlangt oft sehr viel Durchhaltevermögen und Ausdauer. Lassen wir uns nicht beirren.

➤ Es werden Wunder eintreten.

Eine weitere Form ist die, uns grundsätzlich für Wunder zu öffnen, als täglichen Schutz vor Verletzungen, Unfällen, physischem und emotionalem Schmerz, Misserfolge, Missgeschicke. Wir können jeden Tag eine »zweite Haut« für uns heranziehen.

Es ist eine kosmische Energie, die Informationen für uns trägt. Wir erhalten diese »zweite Haut« aus einer anderen Dimension; sie besteht aus der Substanz der Wunder. Wir sollten jeden Morgen die göttliche Essenz bitten, diese Substanz der

Wunder als energetisches Kostüm um uns erscheinen zu lassen. Dies wird dann geschehen.
Dieses immer wieder erneut zu tun ist sehr wichtig, da Stress oder negative Energiefelder diese Substanz beeinträchtigen können.

Alles ist energetische Information, auch die Essenz der Wunder ist ein bestimmtes Schwingungsfeld. Durch unsere Kommunikation und Bitte wenden wir uns an die göttliche Essenz, und unsere Anliegen werden sich erfüllen, wenn wir uns öffnen, Vertrauen und starken Glauben entwickeln. Es wird geschehen.

Bitten wir am Abend vor dem Einschlafen die göttliche Essenz, all die großen Wunder für unser Leben einzurichten: Liebe zu erfahren und zu schenken, Erfolg, Gesundheit, Spiritualität, das tiefe Erkennen unserer Lebensaufgabe, Mitgefühl, Hilfe schenken zu können …

Üben wir Regelmäßigkeit darin und versuchen, dem Einzug der Wunder Raum zu geben. Das heißt, möglichst nicht zu kontrollieren, ob alles schon auf wunderbare Weise eingetreten ist. Die Kontrolle beruht in diesem Fall auf Zweifel, und Zweifel erlauben keine Wunder. Vertrauen wir; die Wunder werden sich zeigen und uns überraschen.

SPIRITUALITÄT

Unser eigentliches Sein ist pure Spiritualität. Sie ist nicht etwas Erlerntes, sondern unsere wahre Natur. Wir müssen uns nur rückerinnern.

Alles, was uns umgibt, ist erfüllt von Spiritualität. Es ist der Geist, der alles durchdringt und permanente Präsenz in allen Erscheinungsformen einnimmt. Es ist die Quelle, aus der alles entstanden ist und fortwährende Erhaltung erfährt, aus der alles Kreation erfährt. Dieser Raum ist unendliche Weite, gleichzeitig findet sich diese Weite innerhalb der kleinsten Teilchen wieder.

Öffnen wir uns für die Spiritualität, öffnen wir uns diesem Geheimnis, und das bewusste Erschaffen hält in unserem Leben Einzug. Wir werden allmählich eins mit diesem Raum. Anstrengung und Enge verlieren sich, jegliche Formen von Ängsten lösen sich auf.

Aber was ist nun Geist? Was ist Seele? Und wie gebe ich mich meiner Spiritualität hin? Wie erfahre ich diesen Zustand von Einheit?

Geist ist alles, was erscheint, umhüllt von den jeweiligen Informationen, aber letztendlich ist es immer Geist und somit auch immer eins. Geist ist zu verstehen als ein Aspekt, eine Schöpfung von Gott. Andere Aspekte von Gott sind die der reinen Liebe, und die der Quelle, aus der individualisierte Energien hervorgehen; diese beschreiben wir als Seelen. Jede Form von Schöpfung entsteht aus dieser einen Quelle. Aus dieser erhalten wir die Gabe des Kreierens, des Erfahrens. Hinzu kommt die Ebene der Verdichtung, der Materie, der Körperlichkeit, die Möglichkeit des Sichtbarwerdens. Diese Instanzen sind nicht voneinander getrennt, sondern eins. So finden wir alles in einem: Geist, Quelle oder Schöpfung und die Möglichkeit zur Stofflichkeit. Diese Dreiheit wird in vielen mystischen Wegen dargestellt.

Geist ist allumfassend, aller erdenkbarer Raum, durch die göttliche Quelle, Gott, entsteht. So auch die Ebene der Verdichtung, der Materie, der Stofflichkeit.

∞

Unsere Seele ist das Individualisierte, Energetische, das Göttliche in uns. Unsterblich aus der Quelle des ewigen Seins hervorgegangen, ist sie unser ursprünglichster Aspekt von Bewusstsein.

Aus ihr heraus tragen wir das Abbild der Quelle in uns und die Kraft zu kreieren. Unser Geist trägt die Möglichkeit des gesamten Geistes in sich. Oft wird der Geist auch als Beobachter umschrieben. Wir können uns selbst beobachten, aus einer höheren Perspektive heraus. Durch diese Beobachtungen gelangen wir in die Nicht-Identifikation mit den Geschehnissen. Das gilt als Grundprinzip aller Meditationsformen. Aus Gott geht der allgegenwärtige Geist hervor.

Beschäftigen wir uns mit Spiritualität, beginnen wir über unseren Ursprung hinaus zu sehen. Das Prinzip von Geist und Schöpfung gibt unserem eigenen Denken und Kreieren einen weitaus größeren Radius. Wir beginnen über unsere Geburt und über unseren Tod hinauszusehen! Und die körperliche Endlichkeit verliert das Absolute und den Schrecken. Dadurch erlösen wir uns von einer tiefen Angst. Außerdem verschmelzen wir mehr und mehr mit dem allumfassenden Geist und mit Gott. Nutzen und Wachstum, den wir daraus ziehen können, sind unermesslich für unser Leben. Dieses innere Wachstum geht über unsere jetzige personale Form weit hinaus. Es bewirkt das Wachstum unserer Seele und überstrahlt Zeit und Raum.

Wer sind wir wirklich? Wir sind eine Offenbarung, ein Ausdruck dieser göttlichen Essenz. Haben wir begonnen, mit dieser Instanz in Kommunikation zu treten, verbinden wir uns mit einer bewussten Schöpfungsebene. Wir betrachten das göttliche Spiel. Zeuge davon zu sein, bedeutet für uns, unvorstellbar große Liebe zu erfahren. Es ist ein Meer aus Liebe, das uns umspült. Weihen wir schließlich alle unsere Anliegen Gott. Wir erfahren dann, wie das Allergrößte Einzug in unser Leben hält.

Spiritualität ist unsere Natur, unser Ursprung. Vielleicht hatten wir sie für einen Moment bedeckt, um uns erfahren zu können. Um zu erfahren was die Nicht-Liebe bedeutet. Aber spätestens in dem Moment, in dem wir diesen Körper verlassen, sind wir wieder vollkommen eingetaucht in puren Geist, in pure Spiritualität. Sämtliche Materie, alles Erdenkliche, unser Körper, alles ist durchdrungen von diesem göttlichen, von diesem ewigen Geist. Wenn wir uns davon abwenden, kostet das sehr viel Kraft. Wir verkümmern dann allmählich.

Spiritualität ist nicht etwas Erlernbares, es ist lediglich die Stille, die wir brauchen, denn mit ihr finden wir alles in uns. Nähren wir unsere Seele und unseren allwissenden Geist, mit der Hinwendung zur Stille, und wir finden unsere allergrößte Kraft.

Wie bewirken wir inneres Wachstum? Wie finden wir Gott und den universellen Geist wieder?

INNERLICH WACHSEN

Nehmen wir uns jeden Tag eine halbe Stunde Zeit und beschäftigen wir uns mit der Hinwendung zu uns selbst. Beginnen wir uns in der Versenkung zu fragen:

➤ Was möchte ich wirklich?
➤ Bin ich glücklich?
➤ Liebe ich, empfinde ich Liebe?
➤ Was möchte meine Seele?
➤ Was ist der Plan meines Lebens?
➤ Wo in mir und wann empfinde ich Frieden?
➤ Wo befindet sich mein Geist?
➤ Und wo ende ich?

Geben wir uns dieser Meditation hin und stellen uns diese Fragen. Es wird sich eine Ursprünglichkeit und gleichzeitig eine Weite offenbaren. Vermeiden wir in dieser halben Stunde jegliche Form von Ablenkung und Störung. Diese Fragen verbinden uns mit unserer Ursprünglichkeit, die über dieses Leben im Körper hinausgeht. Über dieses anfängliche Nachsinnen erschließt sich uns eine Verbindung mit Gott.

Nach einer gewissen Zeit der Praxis nehmen unsere innere Stille, Friede und Liebe zu. Unsere Gedanken sind nun auch den gesamten Tag über friedvoller.

Beginnen wir dann mit der nächsten Übung. In dieser nehmen wir uns selbst als göttliches erleuchtetes Wesen wahr, erfüllt von der Essenz Gottes, und dann verschmelzen wir mit unserem Selbst. Gehen wir ein in dieses lichtvolle Wesen, welches wir bereits sind. Dieses sind wir, unabhängig von allem irdischen Treiben. Aus dieser Perspektive senden wir allen Lebensbereichen, die uns momentan viel Kraft oder Aufmerksamkeit abverlangen, Liebe und Licht. Dazu gehören auch Körperbereiche; senden wir Liebe und Licht in alle schmerzenden oder blockierten Körperregionen. Dann lassen wir dieses Ausgerichtetsein los und verweilen in dem lichtdurchfluteten Sein unseres Selbst. Das innere und äußere Wachstum, das wir aus diesen Übungen, aus diesen stillen Stunden mit uns selbst, erfahren, ist unermesslich.

Spiritualität sollte für uns etwas Erfahrbares sein, ein Geisteszustand, in dem wir uns immer befinden, durch die Kommunikation mit der göttlichen Essenz. Durch das Einnehmen unseres lichtvollen Zustands werden wir täglich mehr zu dem, was unser höchstes Potenzial ausmacht.

Der Zugang zur Spiritualität ist für jeden Menschen vollkommen individuell. Finden wir unseren eigenen Weg, unser eigenes Tempo, um die größten Erkenntnisse des Lebens zu erfahren. Lassen wir uns auf diesem Weg nicht beeindrucken, wenn sich uns scheinbar Berge in den Weg stellen möchten. Wir werden alles durchdringen mit tiefer, fester Entschlossenheit. Alles um uns herum reagiert auf unsere Gedanken und auf unsere inneren Worte und muss den Weg freigeben.

HEILUNG UND GESUNDHEIT

Heilung entsteht durch Liebe, Liebe erzeugt in unserem Körper eine spezifische Zellschwingung. Wir erfahren Entlastung, Regeneration und Entgiftung.

Sind wir ernsthaft erkrankt, müssen wir uns fragen: Wovor flüchte ich? Wovor verschließe ich meine Augen?

Eine ernsthafte Krankheit weist auf das unbewusste Bedürfnis hin, unseren Körper zu verlassen. Aus einer unbewussten Ebene teilen wir uns mit, wir möchten gehen. Wir möchten diese Situation verlassen.

Diese Botschaft sendet unser Unterbewusstsein an unseren Körper. Unser Körper reagiert mit einer akuten Disharmonie auf diese tiefe innere Botschaft. Unser Körper verliert an Stabilität und der Schutz des Immunsystems sinkt. Versuchen wir diese tiefe innere Botschaft zu finden, fragen wir uns: »Was möchte ich verlassen? Möchte ich den Ort, an dem ich lebe, verlassen? Ist es mein Partner, möchte ich meine Beziehung hinter mir lassen? Ist es mein Beruf, der mich zum Weggehen bewegt? Oder ist es die Anstrengung, der Stress, der mich zum Davonlaufen bewegt?«

Manchmal möchten wir auch das Bild verlassen, dass wir von uns erschaffen haben. Oder wir möchten die Vergangenheit ganz hinter uns lassen, so vehement, dass wir ganz und gar gehen möchten. Vielleicht möchten wir die Positionen von Macht oder Ohnmacht verlassen, die wir in unserem Leben eingenommen haben. Dieses Gefühl »wegzugehen« kann tief in uns verborgen sein.

Aber in nahezu allen schweren körperlichen Disharmonien ist es die Ursache. Es ist die Form und die Sprache, wie die inneren Botschaften ihren Ausdruck suchen.

Der Schwierige dabei ist, uns selbst zu verstehen. Welche Botschaft aus unserem Inneren möchte verstanden werden? Wovor wollen wir davonlaufen? Wie können wir uns besser kennenlernen und diese unterbewussten Informationen, die wir abgespeichert haben, verstehen und verwandeln? Wie können wir Leid für uns selbst oder andere Menschen auflösen?

DEN SCHMERZ AUFSPÜREN UND ÜBERGEBEN

Erforschen wir uns. Was in unserem Leben raubt uns Kraft? Haben wir sogar den Eindruck, es ist so stark, dass es uns umbringen könnte?

Nehmen wir einmal Papier und Stift zur Hand und notieren uns alle unsere extrem kräftezehrenden Lebensbereiche und Ereignisse aus Gegenwart und Vergangenheit. Nehmen wir uns Zeit, schreiben wir alles nieder. Dadurch kommen viele verborgene Gefühle an die Oberfläche. Schmerzhafte Gefühle sind Gift für unseren Körper, solange sie noch unbewältigt in unserem Unterbewusstsein schlummern. Wir sollten sie an die Oberfläche holen und sie der göttlichen Liebe, der Essenz Gottes übergeben.

Oftmals sind diese Schmerzen so groß, so überwältigend, dass wir sie aus unserer Not heraus in unserem Inneren vergraben haben. Die tragischen Momente unseres Lebens sollten wir nicht nur mit uns selbst ausmachen. Das größte Geschenk, was wir uns machen können, ist, sie zu übergeben. Übergeben wir sie an die vollkommene Quelle allen Seins, an Gott.

Haben wir alles sorgfältig notiert, haben wir uns frei geschrieben, übergeben wir es. Stellen wir uns diese Macht der göttlichen Quelle einmal vor: Alles Sichtbare und Unsichtbare formierte sich aus dieser einen Quelle und ist zutiefst verbunden mit ihr. Diese Quelle ist Kraft, Macht und Liebe.

Wir haben Situationen erzeugt, die schmerzten, vielleicht aus unserem Ego heraus; oder sie sind entstanden aus dem Ego eines anderen. Eine andere Möglichkeit der Entstehung könnte ein Schmerz beladenes Gruppengefüge sein. Unsere Familie, unser Land, unser Glaube sind solche Gruppengefüge. Etwas ist geschehen, das wir nicht mehr bewältigen können und aus dem wir entkommen möchten.

Haben wir alles notiert, haben wir ein »Paket« geschnürt mit den tiefsten Erschütterungen unseres Lebens, übergeben wir es Gott, der göttlichen Quelle. Diese Kraft ist so überwältigend, so groß: Sie wird alles in sich aufnehmen und in etwas Neues, Wunderbares verwandeln. Etwas, das voller Liebe ist. Die göttliche Essenz wird uns Kraft und Stärke verleihen, durch diese Situation in unserem Leben hindurchzugehen, sodass wir nicht mehr davonlaufen müssen. Wir können bleiben.

Wichtig bei diesem »Übergeben unserer schmerzhaften Erinnerungen« ist, es wirklich ganz und gar zu tun. Ein halbherziger Versuch bringt nicht das gewünschte Ergebnis. Es geht um unser Leben, um einen tiefen Frieden und Heilung. An anderer Stelle dieses Buches finden wir die Beschreibungen über Informationsformierungen. Alles ist Bewusstsein und Informationen und möchte wachsen, sich verstärken und Ausdruck finden. Das ist ein Gesetz des Lebens. Eine Grundlage allen Seins. Haben wir in uns unerträgliche Informationen abgespeichert, ist es wichtig, uns selbst gegenüber vollkommen ehrlich zu sein. Ist es möglich, uns selbst gegenüber und dem Leben gegenüber diese Klarheit und Ehrlichkeit zu entwickeln, dann können wir tiefe Heilung erfahren. Langfristig können wir nichts verbergen. Für die Essenz Gottes und unser hohes Bewusstsein sind wir vollkommen transparent.

Nachdem wir tief in uns nachgeforscht und alles notiert haben, beginnen wir mit dem zweiten Schritt. Machen wir uns bewusst, dass wir diese tiefen, schmerzhaften Erinnerungen und Haltungen nicht mehr in uns tragen möchten. Es wäre vermessen und töricht, sie in unserem System zu belassen. Ähnlich, wie wir im praktischen Leben für jedes Problem jemanden aufsuchen können, so können wir dieses auch auf der geistigen Ebene tun. Wahrscheinlich kämen wir nicht auf die Idee, uns selbst zu operieren, einen bestimmten Gegenstand zu reparieren oder ein Haus zu bauen.

Wir suchen jemanden auf, der uns hilft, der den vollkommenen Überblick in diesen spezifischen Anliegen behält. Die Negationen, die wir im irdischen Leben erfahren können, sind so groß, dass sie uns umbringen können. Es ist notwendig, uns davon zu befreien, uns an die größte Kraft, an die größte Liebe im Universum zu wenden. An Gott, an die göttliche Liebe, an die vollkommene Weisheit. Dies nicht zu tun ist, als wollten wir versuchen, vor uns selbst zu fliehen. Das gelingt uns nicht einmal, wenn wir unseren Körper verlassen. Denn wir sind unendlicher Geist und Seele. Unser Bewusstsein bleibt bestehen. Das spüren wir sehr deutlich durch die Meditation. Mit ihr bewegen wir uns bereits in diesen Instanzen vom ewigem Geist und ewiger Seele und können uns über das ganze Universum hinaus ausdehnen. Wir erfahren dadurch einen Frieden, der uns unberührt und frei von allem weltlichen Schmerz werden lässt.

Aus diesen Gründen ist es sehr heilsam für uns, all die Zerwürfnisse, allen Schmerz, alles Unbehagen, alle Zweifel, alle Enttäuschungen, alle Last, alle finanziellen Not Gott zu übergeben. Vielleicht tragen wir ein tiefes Unbehagen vor dem Leben in uns und fühlen uns immer noch nicht richtig angekommen in unserem Körper.

Das ursprünglichste Sein unserer Seele ist Liebe, und alles, was nicht der Liebe entspricht, löst tief in uns Unbehagen aus. Diese Geschehnisse, die in uns nicht der Liebe entsprechen, möchten zurückfinden in die Liebe, in das Gefühl von Angenommen-Sein. Dann sind wir frei, und unser Körper, unser Geist, unsere Seele können gesunden.

Wir wissen, wie tiefer Kummer uns zusetzt. Und wie wir ihn ungewollt immer wieder hervorrufen. Wir möchten ihn auflösen, wir möchten ihn zurück in die göttliche Liebe bringen. Alle destruktiven Informationen zerstören sich in sich selbst, sie können aus sich selbst heraus keine Energie entwickeln. Dadurch versucht diese destruktive Energie aus anderen Lebensbereichen, Lebensformen, lebendige Energie abzuziehen. Wir alle kennen das: Haben wir etwas Schönes erlebt, fühlen wir uns geliebt, entwickeln wir sehr viel Energie und fühlen uns kraftvoll und frei. Eine Situation, in der wir mit Leiden, Schmerz, Ungerechtigkeit, Hass oder Zorn konfrontiert waren, lässt uns erstarren. Plötzlich fühlen wir uns ohnmächtig, kraftlos, antriebslos. Auf diese Weise wirken sich die unterschiedlichen Qualitäten der Energien aus. Noch deutlicher wird dies bei der Betrachtung auf gesellschaftlicher und politischer Ebene und bei der Betrachtung von globalen Energiefeldern. Wir nähren alle diese negativen Energien mit der Liebe, mit dem, was uns erfüllt und uns Freude bereitet. Beginnen wir damit, negative Energie grundlegend umzuwandeln. Räumen wir diese negativen, abspeicherten Ereignisse aus unserem Bewusstsein, bekommen wir wieder Kraft und Mut, unser Leben schön werden zu lassen.

Das Leben auf der Erde ist unser Ausdrucksfeld, unser Kreationsfeld. Alles, was wir erleben, ist unser eigener Ausdruck und der Ausdruck anderer Menschen, mit denen wir unser Leben teilen. Wir kreieren, durch uns wirkt die göttliche Quelle mit dem Geschenk an uns, schöpferisch sein zu können. Somit ist alles, was wir erleben, unser eigener Ausdruck. Wir haben es gestaltet und geformt, durch unseren Geist verdichtet und in die materielle Form gebracht. Das bedeutet auch: Wir haben Leid, Not und Krankheit erzeugt und diese so groß werden lassen, dass wir sie nicht mehr bewältigen können. Die Quelle allen Seins, Gott, ist bedingungslose, pure Liebe.

∞

Wir können jederzeit unsere Schöpfungsergebnisse Gott übergeben und in diese immerwährende Liebe zurückbringen lassen. Wir sind immer in dieser Liebe. Unsere Perspektive der Egozentrik, der Eigenständigkeit, des Trotzes verbietet es uns manchmal, dies sehen und fühlen zu können.

Denken wir an kleine Kinder, die sich verrannt haben in einem sehr starken Gefühl, um es kennenzulernen. Aber wunderbare Eltern verlieren ihre Liebe und ihre Geduld dadurch nicht. Sie versuchen immer, zu helfen, aufzufangen und Lösungen zu finden. Lassen wir die göttliche Essenz Einzug halten und alle unsere starken negativen Gefühle in die Liebe zurückbringen.

Übergeben wir Nöte, Stress, Einsamkeit, Trauer, Hass, begangene Fehlentscheidungen, Trennungen, Armut, Selbstverleugnung, Zorn, Wut, Ohnmacht, Schmerz, Unversöhnlichkeit, Streit, Ekel, Eifersucht, Neid, Missbrauch. Sämtliche negative Energien, die wir in uns finden. Sie sind Gift für unseren Geist, unseren Körper und unsere Seele. Mit diesen Energien vergiften wir nicht nur uns selbst, sondern auch die Menschen um uns herum. Selbst wenn wir dieses Gift tief in uns vergraben haben, findet es einen Ausdrucksweg. Es durchdringt uns und lässt so erneut Zerwürfnisse, Armut, Depressionen usw. entstehen. Eine tief greifende Reinigung ist der einzige Weg, um Altes aufzulösen.

Aber wie geschieht nun diese Übergabe an Gott, an die göttliche Quelle?

Es ist ein großes, wunderbares Geheimnis, was sich uns eröffnet. Bei dieser Übergabe gehen wir folgendermaßen vor. Durch unsere Notizen haben wir Nachforschungsarbeit geleistet. Wir haben alles niedergeschrieben. Der nächste Schritt ist eine stille, eine innere Arbeit mit Gott.

MEDITATION DER HEILUNG UND ÜBERGABE UNSERER PROBLEMATIK

➤ Finden wir für uns ein Ort der Stille, der Zurückgezogenheit. Nehmen wir eine bequeme Sitzposition ein. Vielleicht möchten wir eine Kerze anzünden oder Blumen aufstellen.

➤ Versenken wir uns, kommen wir in einen Zustand, in ein Bewusstsein, dass wir immerwährende Energie sind. Aus dieser Perspektive betrachten wir uns.

➤ Kommunizieren wir nun mit der Quelle allen Seins, mit der göttlichen Essenz. Lassen wir in unserer Vorstellung, von unserem Kopf ausgehend, eine energetische Bahn entstehen, ein breites Lichtband, von dem Durchmesser unseres Körpers. Dieses Lichtband umschließt unseren gesamten Körper und führt über unseren Kopf hinaus in die hohen Dimensionen. Dort sind wir verbunden mit der Quelle allen Seins, mit dem Allumfassenden, mit dem, was wir als Gott beschreiben. Erfahren wir es auch als unser ewiges Sein. Erkennen wir unsere »Kommunikationsbahn« mit Gott. Versuchen wir uns in dieses Bild hinein zu fühlen. Geben wir uns dazu unserer Intuition hin.

➤ Sprechen wir nun mit Gott, mit der göttlichen Essenz, über unsere Anliegen in unserer eigenen Ausdrucksweise. Dann spüren wir, wie ein warmer Strom entsteht, der uns einhüllt. Vielleicht erhalten wir Antworten, Bilder, Farben, Symbole.

Wenn wir keine wahrnehmbaren Eindrücke erhalten, bedeutet es nicht, dass wir einen einseitigen Dialog führen. Wir werden gehört, wir sind verbunden.

➤ Dann bitten wir, dass alle unsere tiefen Schmerzen aufgenommen werden und in die Liebe zurückfinden können. Formulieren wir dies detailliert, aufrichtig und hingebungsvoll.

➤ Wir geben diese inneren Schmerzen nun an Gott. Sie werden uns abgenommen. Sie verlassen unser energetisches Feld. Alle diese Gefühle werden erlöst. Wir werden befreit von diesen Geistesgiften, gereinigt und erneuert. Übergeben wir Bilder, Erinnerungen, Begegnungen, Trauer, Krankheiten, Schmerzen. Einfach all das, was uns belastet. Manchmal können wir es nicht einmal in Worte kleiden. Übergeben wir dann dieses Unbegreifliche, Dunkle, Angsteinflößende. Wir müssen es nicht länger tragen. Wir übergeben es der göttlichen Quelle der vollkommenen Liebe. Gott, das Allwissende, wird alles zurückverwandeln in Liebe und Aufrichtigkeit.

➤ Wenn dies geschehen ist, bedanken wir uns. Hüllen wir dann alle Bereiche, aus denen wir die Schwere übergeben haben, in strahlendes Licht, indem wir es uns vorstellen und darum bitten.

➤ Dann kommen wir zurück in den Raum.

Selbst wenn wir diese Meditation nur ein einziges Mal durchführen, werden wir unglaublich großen Nutzen und Heilung daraus ziehen. Wiederholen wir diese Übung, wird sie mit jedem Mal kraftvoller und heilsamer. Wir bestehen aus energetischen Schichten so können wir bei Wiederholungen auch Informationsabdrücke aus unterschiedlichen Ebenen reinigen. Auch erreichen wir immer tiefer werdende Versenkung durch die Wiederholung.

∞

Die Kommunikation mit Gott und die Übergabe von Negativem könnte idealerweise einen festen Stellenwert in unserem Leben einnehmen. Mit dieser Meditation können wir uns tiefgründig heilen.

Wichtig hierfür sind, Aufrichtigkeit und Glauben an die Möglichkeit zu entwickeln, Hingabe und eine besondere Intensität. Diese Meditation stellt eine tiefe Offenbarung dar, und es liegt bei uns selbst, diese anzunehmen und das Größte für uns daraus entstehen zu lassen.

Jegliche Form, jegliche Art der Heilung geschieht auf diesem Weg, jede Spontanheilung, jede Heilung, ausgelöst durch einen anderen Menschen oder durch einen heiligen Ort. Selbst jede Art von Heilung, die uns Pflanzen schenken können. Die Pflanzen sind in ihrer Ursprünglichkeit mit der Quelle allen Seins verbunden und dienen so als Brücke. Ihre Schwingung, ihre Verbindung bringt das jeweilige Problem dann zurück zur göttlichen Quelle. Dort wird es wieder in Liebe zurückverwandelt. Wird Heilung durch einen anderen Menschen bei uns ausgelöst, so übernimmt dieser die Funktion eines Vermittlers und die Störungen werden über seine Verbindung zur göttlichen Quelle, zu Gott zurückgeführt. Alle Formen der Heilung geschehen auf diese Art und Weise. Heilen sich Menschen über eine besondere Form der Ernährung, ist es die Verbindung der Pflanzenwelt, die den Kommunikationsweg zu Gott darstellt.

Bei bestimmten Heilungen über Atemübungen ist es ähnlich.

Es scheint, als würde das gesamte Universum ein- und ausatmen; eine Ausdehnung und darauf folgend ein »In-sich Hineinnehmen« ist zu beobachten. In dem Moment der Ausdehnung geschieht Schöpfung und in dem »Hineinnehmen« geschieht Verwandlung. Betrachten wir diese Möglichkeit der Verwandlung. Wir nutzen diese kostbare Möglichkeit kaum. Haben wir uns verloren in Schmerz und Schwierigkeiten, können wir dies unserer Quelle übergeben und um Hilfe bitten. In der vollkommenen Liebe zu allen Geschöpfen und Erscheinungsformen erfährt auch diese Problematik Heilung. Es gibt keinen anderen Weg der Heilung, welche Form wir ihr auch immer gegeben haben.

Ändern Menschen nach einer schweren Diagnose ihr Leben und erschaffen sich neue Umstände, so erfahrenen sie Heilung, indem sie das Göttliche und die Liebe wieder entdecken, welche sie erfüllen. Besuchen wir Heiler, erfahren wir über sie diese Rückkopplung an die Verbindung zur Quelle.

Nutzen wir die täglich wachsenden Möglichkeiten der Schulmedizin, so sollten wir nicht vergessen, unsere Informationen von Schmerz in unserem Inneren zu erlösen, zurückzubringen zur Quelle. Sie könnten sonst neue Ausdrucksformen finden. Dieser Weg befreit uns nicht von der inneren Reinigung, von unserer Ehrlichkeit mit uns selbst und dem Weg zurück zu unserer tiefsten Verbindung.

∞

Wo auch immer wir uns in unserem Leben befinden, das Übergeben der Schwierigkeiten ist die größte Heilung und Reinigung, der wir uns zuwenden können. Dieses ist die Essenz, das größte Geheimnis, was wir erfahren und anwenden können.

Eine erweiterte Möglichkeit ist, diese Verbindung über unsichtbare, lichtvolle Helfer geschehen zu lassen. Wir nennen diese wunderbaren Wesen Engel. Sie sind reiner Geist und Seele, die pure Verbindung zu Gott. Laden wir diese lichtvolle Kraft ein, uns zu unterstützen bei dieser Übung und bei diesem Prozess. Nur so können sie Heilung, Friede und Liebe bei uns bewirken. Wir können die Engel auch um Mithilfe und Unterstützung für die Übergabe unserer destruktiven Erinnerungen bitten. Das macht unsere Meditationen noch kraftvoller und unmittelbarer. Glauben wir: Es ist alles da, es ist möglich. Öffnen wir uns für unsere größten Möglichkeiten und lassen einfach einen Moment lang unseren Verstand, unsere Logik beiseite. Wir brauchen Mut und Entschlossenheit, unsere bestehende Energie zu verändern und die Verbindung zur göttlichen Essenz herzustellen.

Was ist geschehen, wenn die gewünschte Heilung nicht eintritt?
Wir sind dann nicht zum Ursprung des tiefen Problems
vorgedrungen. Versuchen wir uns den inneren Auftrag zu geben,
bis hin zu der Wurzel des Schmerzes vorzudringen und nicht nur
bei der Symptomatik zu verharren.

Gehen wir in die Tiefe mit unserer Selbsterforschung und unseren Notizen. Vielleicht schützen wir uns davor, eine Wahrheit in uns wirklich zu entdecken und in die Auflösung, in Liebe hineinzubringen. Betrachten wir auch das Vergrabene – die Möglichkeit, es sogleich verwandeln zu lassen, nimmt uns die Angst!

Heilung findet auf unterschiedlichen Ebenen statt. Zunächst einmal heilt das geistige und emotionale Prinzip. Dann heilt die

Seele, dann folgt der Körper. Die materielle Ebene stellt die verdichtete Form von Energien dar, sie folgt diesen Instanzen.

DAS URPROBLEM ERKENNEN

Um die Wurzeln, den verborgenen Ursprung zu heilen, können wir unser Anliegen formulieren und dann das Problem mit der dahinter liegenden Urproblematik Gott übergeben.

Eine Möglichkeit der Formulierung:
»Ich übergebe die Problematik, die Krankheit und das für mich noch nicht ersichtliche Urproblem dieses Themas.«

Manchmal wird uns erst dann ein größeres Muster, eine tiefere Wunde bewusst, da sie an der Oberfläche erscheint und gelöst wird. Wir erfahren uns in unserer Ganzheit um in die Heilung zu gelangen.

Versuchen wir, im Umgang mit dieser Methode der Heilung Routine zu gewinnen. Wir nähern uns ihr an, wiederholen sie in der Versenkung und werden vertraut mit diesem Vorgang. Mit der Zeit kann diese Übung zu unserem ständigen Begleiter werden. Wann immer ein schwerwiegendes Problem in unseren Gedanken auftaucht, übergeben wir es Gott. Wenn uns schwere Erinnerungen einholen, übergeben wir sie. Hören wir von schweren Unfällen oder Krankheiten, übergeben wir sie Gott.

Wir lösen dadurch auch problematische Strukturen aus unserem Feld, aus unserem Energiesystem, das ist sehr klärend für uns.

Unsere Energiequalität wird sich enorm verbessern. Unsere Ausstrahlung wird sich verändern.

Ist es möglich, diese Übung auch für Kinder oder andere Menschen auszuführen, die schwer erkrankt sind oder schwerwiegende Probleme haben?

Ja, wir verbinden uns dann mit der Seele des Kindes oder des Menschen, dem wir helfen möchten. Wir bitten um Erlaubnis und darum, dass die Seele, der Körper und der Geist diese Hilfe annehmen. Dann übergeben wir die Problematiken in einer Versenkung. Wenn es dringender, sofortiger Hilfe bedarf, übergeben wir das Thema sofort, unmittelbar. Bei dem unmittelbaren Übergeben öffnen wir unseren Geist, formulieren das Anliegen und übergeben alles der göttlichen Essenz. Dann hüllen wir die Person und uns selbst in Licht und drücken unseren tiefen Dank aus.

KURZFORM DER ÜBERGABE

Wenn wir erst einmal diesen Vorgang des Übergebens an Gott verinnerlicht haben, brauchen wir nur noch Minuten, um dieses tun zu können:

➤ Gedanklich eine Lichtbahn zur göttlichen Quelle errichten.

➤ Den Geist öffnen.

➤ Das Anliegen formulieren und Gott, der göttlichen Essenz, übergeben.

➤ Wir hüllen uns selbst in Licht; wenn wir es für jemand anderen übergeben haben, hüllen wir diese Personen ebenfalls in Licht.

➤ Wir bedanken uns für die Hilfe.

Beobachten wir, was geschieht. Gegebenenfalls wiederholen wir diese Übung nach einiger Zeit. Wenn wir die Übung wiederholen, können wir das Anliegen neu formulieren, indem wir die Urproblematik des Themas herausstellen.

Kinder sind noch sehr rein, wenn sie geboren werden und aufwachsen. Sie nehmen oft familiäre Strukturen, Spannungen, emotionale Not aus ihrer Umgebung auf. Das kann sie sehr belasten. Ihre Intention ist, Liebe und Hilfe geben zu wollen. Ihre Hilfe drückt sich in der Übernahme von Problematiken aus. Auch später, im Kinderhort oder in der Schule, übernehmen sie aus ihrem Umfeld und von anderen Kindern schwierige Energien. Die Kinder möchten sich gegenseitig helfen. Sie werden dann sehr oft krank.

SCHUTZ FÜR KINDER

Schützen Sie Ihr Kind mit einem speziellen Licht. Ein farbiges Licht, das fast alle Lichtspektren enthält und somit alle Frequenzen abdeckt. Ein Regenbogenlicht stellt einen aktiven Schutz dar. Hüllen Sie Ihr Kind gedanklich jeden Tag, besonders bei speziellen Herausforderungen und Anforderungen, in regenbogenfarbenes Licht aus den höchsten Dimensionen.
Stellen Sie sich einfach vor, wie das Licht die Dimensionen durchschweift und sich dann um Ihr Kind formiert. Das wird Ih-

rem Kind helfen, die negativen Energien auf eine andere Art und Weise zu verwandeln und sie nun nicht mehr aufnehmen zu müssen.

Bitten Sie Ihr Kind, wenn es reif genug ist, dieses Licht herbeizurufen, besonders, wenn es sich herausfordernden Situationen gegenüber befindet. Das ist äußerst wirkungsvoll.

Eine andere wunderbare Form des Schutzes ist die Kraft des Schutzengels. Kinder haben noch eine tiefe Verbindung und Möglichkeit, sich mit diesem Licht zu umgeben, sich schützend umhüllen zu lassen; darin liegt eine große Wirksamkeit.

Unser Geist ist sehr mächtig; alles, was wir unserem Geist als Auftrag geben, wird er lösen. Möchten wir Problematiken, Krankheiten von uns selbst oder anderen an die göttliche Essenz übergeben, so wird unser Geist es für uns einrichten. Wir können dabei nie etwas falsch machen. Die einzige Voraussetzung ist, dass wir es wollen, ganz und gar, ohne Hintergedanken, ohne Zweifel. Verinnerlichen wir diese Meditationen und wenden sie an; nach mehrmaligem Üben werden wir dafür nur noch Minuten brauchen.

HIMMLISCHE HELFER

Vielleicht haben wir bisher noch nie die Vorstellung gehabt, dass es unsichtbares Leben gibt; Leben, nur bestehend aus Geist und Seele ohne körperlichen Ausdruck. Vielleicht stoßen wir bei diesem Gedanken noch auf eine geschlossene Tür in uns. Vielleicht haben wir den Eindruck, es wäre zu schön, um wahr zu sein, wenn zum Beispiel alles das, was wir zu fabulösen Lebensformen oder biblischen Gestalten zählen, auf dieser Welt Ausdruck finden könnte. Die Tatsache, das nichts davon beweisbar, sichtbar oder fühlbar vorhanden ist, belegt noch nicht das Gegenteil. Auch Liebe oder Angst sind weder sichtbar noch beweisbar, aber wir alle kennen diese Gefühle und drücken sie dann auch nach außen hin sichtbar aus. Vielleicht verhält es sich mit anders schwingenden Bewusstseins-und Lebensformen ähnlich. Ein kleines Experiment könnte uns zeigen, was geschieht, wenn wir verschiedene Energien in den Raum rufen, um diese zu spüren. Geben wir uns einen Moment lang unserer Intentionen hin.

ENERGIEN UM PRÄSENZ BITTEN

➤ Rufen wir unser höchstes Selbst, jenen vollkommenen Teil unseres Seins, der unseren Geist und unsere Seele mit der göttlichen Präsenz und dem gesamten Universum verbindet. Danken wir unserem höchsten Selbst für das Erscheinen und bitten wir es nun, für uns fühlbar, spürbar, wahrnehmbar zu werden. Entspannen wir uns und versuchen wir wahrzunehmen, was geschieht. Spüren wir etwas? Fühlen wir uns leichter, erhabener, weiter?

➤ Bitten wir nun die göttliche Essenz, für uns fühlbar, spürbar, wahrnehmbar zu werden. Danken wir für die Präsenz und nehmen auf, was geschieht. Entsteht eine andere Energie im Raum? Sind wir beeindruckt?

Nun, vielleicht ist das unser größtes Experiment in dieser Hinsicht:

➤ Bitten wir ein strahlendes, himmlisches Wesen, einen Engel, einen himmlischen Freund, in dem Raum zu erscheinen. Bitten wir darum, dass dieses für uns spürbar, fühlbar, vielleicht sogar sichtbar wird. Bitten wir um ein Zeichen. Was geschieht?

➤ Haben wir etwas wahrgenommen? Haben wir die drei Instanzen unterschiedlich aufgefasst? Wie fühlen wir uns jetzt?

Vielleicht möchten wir mit dieser Übung unsere Intention schulen. Oder auch die angenehme Veränderung der Energien im Raum herbeiführen.

Engel sind Energien von Bewusstsein, Geist und Seele. Wir haben ihnen diesen Namen gegeben, der vielleicht für manche Menschen etwas schwer zugänglich ist. Aber diese Energien existieren, genauso wie wir einen Geist und eine Seele besitzen und über unseren Herzraum Gefühle entwickeln können. Wir haben ihnen Flügel in unseren Darstellungen verliehen, um auszudrücken, dass es sich um Wesen handelt, die über Zeit- und Raum und Dimensionen hinweg gleiten können.

Verbinden wir uns mit einem Engel, werden wir von unglaublicher Liebe, von Weisheit, von Verständnis durchflutet. Ein Paralleluniversum, in das wir einsteigen können, wenn es uns behagt und wenn wir uns dafür öffnen können. Die Möglichkeiten, die dadurch für uns entstehen, sind immens.

∞

Warum sollten wir nicht alle Möglichkeiten, die uns geschenkt worden sind, nutzen? Himmlische Helfer sind ein Tor zu mehr Friede, Kraft, Gesundheit, Freude und Erfolg.

Sie können uns Tür und Tor öffnen, sowohl in himmlischer Hinsicht wie auch im irdischen Raum. Die einzige Bedingung ist: Wir müssen es wollen. Wir sind freie, eigenständige Wesen. Wir können entscheiden, alles allein zu bezwingen oder es mit Gottes Hilfe zu bewältigen und noch andere Geschenke der göttlichen Schöpfung in unser Leben einladen. Es liegt bei uns selbst, wie weit es unser Verstand erlaubt, uns der nicht sichtbaren Welt hinzugeben. Möchten wir diese wunderbare Form der Hilfe und Liebe annehmen, müssen wir nur darum bitten, das ist die einzige Voraussetzung. Auch hier geschieht alles über die innere Kommunikation. Bitten wir um Schutz, um diese seelenvolle Begleitung durch alle unsere Lebensphasen zu erhalten. Finden wir unseren eigenen Zugang und unsere ganz persönliche Art von Beziehung zu diesen lichtvollen Energien. Sie werden unser Leben beflügeln. Alles erscheint in einem neuen Glanz, leicht und erreichbar. Es sind göttliche Geschenke, und wir dürfen sie annehmen. Wir dürfen unsere Zweifel ablegen, um unvergleichlich emporgetragen zu werden. Wir dürfen uns für die größten Wunder unseres Lebens öffnen und sie empfangen.

Vielleicht erscheint uns der Gedanke naiv und unpassend für eine moderne, tatkräftige Auffassung, durch das Leben zu gehen. Aber warum sollten sich alle diese Propheten und Gelehrten aus vergangenen Zeiten so geirrt haben? Es waren nicht nur ein oder zwei Menschen, die davon berichteten – es waren Tausende, und es werden immer mehr Menschen, die davon erzählen. Unabhängig voneinander erscheinen in den unterschiedlichsten mystischen Schriften Engel. Manchmal tragen sie sogar in den unterschiedlichen Kulturen die gleichen Namen.

Möchten wir unserem Leben das Licht von Glorie verleihen? Alle Übungen und Meditationen in diesem Buch wirken um ein Vielfaches stärker, wenn wir unsere himmlischen Freunde, die Engel, dazu einladen.

ENGEL EINLADEN

Eine erste Erfahrung könnte sein, uns zu zeigen, mit welcher Andersartigkeit wir den Tag erleben, sobald wir unsere himmlischen Freunde einladen, uns zu begleiten. Wir können sie bitten, uns bei schweren Meetings, Auseinandersetzungen, im Straßenverkehr und während des gesamten Tages zu helfen. Erfahren wir, was geschieht. Erfahren wir die kraftvolle Veränderung. Erfahren wir die Leichtigkeit und die Fruchtbarkeit, die entstehen. Eine weitere Möglichkeit ist, sie um Unterstützung zu bitten für unseren Bewusstseinswandel, für unseren persönlichen Quantensprung.

Haben wir uns entschieden, die vertrauten, aber allzu engen Pfade unseres Lebens ein wenig zu erweitern, können wir mit den himmlischen Freunden in eine neue Dimension vordringen. Himmlische Wesen bevölkern die Erde genauso wie andere Dimensionen. Das Wirken auf der Erde ist ein ganz besonderes Geschenk an die Menschen, welches wir von Gott erhielten. Das ist unser Kreationsraum. Aus diesem Grund ist es den Engeln nur dann möglich durchgreifend zu helfen, wenn die Menschen sie dazu einladen und auffordern. Unvorstellbares Wissen um den Zustand der Erde, wie auch um den Zustand jeder Seele, liegt bei ihnen. Beginnen wir, die Engel einzuladen, in unser Leben, dem Leben anderer Menschen und der Erde zu helfen, ist das ein unvorstellbarer Beschleuniger in Richtung Licht, Verwandlung und Erhalt des Planeten.

Öffnen wir unser Herz und unsere Seele und unseren Geist; diese Instanzen sind nur allzu vertraut mit diesen Energien. Es ist nur unser Verstand, der etwas Unterstützung braucht.

∞

Die Ebene des Egos ist von diesem Einladen der himmlischen Freunde in keiner Weise überzeugt. Das Ego möchte uns darlegen, es sei verlässlicher, alles selbst zu gestalten, um nicht die Übersicht und die Kontrolle zu verlieren. Bitten wir unseren Engel, unser Ego ein wenig zu besänftigen, um diese großen, wunderbaren Erfahrungen mit der Ebene der Engel zu versuchen.

All die Meditationen und Übungen in diesem Buch werden umso kraftvoller, sobald wir die himmlischen Freunde, die Engel dazu einladen.

5 DIE ESSENZ GOTTES UND UNSERE INNERE WAHRHEIT

Was ist unsere innere Wahrheit und wie erlangen wir das volle Potenzial für unser Leben?

Es ist eine Entdeckungsreise, hier auf der Erde zu sein, und ein Leben voller Ausdruckskraft, Gelingen und Liebe zu führen, ist unser Ziel. Es ist ein großes Abenteuer, uns selbst zu begegnen. Dieser Weg führt uns letztendlich zu dem strahlenden Licht, das wir bereits sind. Manchmal erscheinen Dunkelheit, Negativität, Mangel und Krankheit an unserem Wegrand. Aber wir können ihnen sämtliche Macht über uns entziehen, indem wir den Weg des Lichtes und des Strahlens unbeirrbar weiter verfolgen. Lassen wir uns nicht beeindrucken. Entziehen wir diesen negativen Erscheinungsformen die Macht, auch wenn diese vehement versuchen, sich aufzudrängen. Unsere Seele, die individualisierte Essenz Gottes in uns, wird uns führen. Wenn wir möchten, werden uns die himmlischen Freunde führen und uns unbeschadet durch alle schwerwiegenden Prüfungen des Lebens begleiten.

*Wir sind nie allein; alles ist belebtes Bewusstsein, alles reagiert
auf unseren Ausdruck und auf unsere Anliegen. Wir brauchen
Klarheit und kraftvolle Entschlossenheit, um diesen Weg zu gehen.
Jedes Zaudern, und sei es noch so klein, ruft Verwirrungen
und Grauzonen hervor.*

Es geschieht unentwegt und permanent. Jeder Gedanke, jedes Gefühl bilden sich ab und verstärken sich. Wir können diesen Prozess nicht abschalten. Er fordert uns heraus, bewusst und klar zu werden. Haben wir keine konkreten Vorstellungen, keinen inneren Plan oder Wunsch, werden wir hin und her geschleudert. Wir erschaffen dann Unentschlossenheit und Zerwürfnisse. Könnte dieses oder jenes gut sein, oder ist es vielleicht ganz anders? Diese innere Haltung erzeugt Verwirrungen; alle diese Möglichkeiten und Formen erscheinen, aber keine davon wird uns dann zufriedenstellen können, geschweige denn erfüllen.

Vergessen wir nicht, es ist unser Kreationsraum.

∞

*Auf der Erde zu sein bedeutet für uns, wir erfahren unser
Inneres im Außen.*

Beginnen wir zunächst damit, unser Inneres zu beleuchten. Alles aus unserem Inneren bildet sich ab und weist auf uns selbst hin. Die Menschen, die uns begegnen, spielen für uns Rollen, um unser Inneres sichtbar werden zu lassen, so wie wir Rollen einnehmen, um ihnen zu helfen, etwas sichtbar zu machen.

Wenn wir nicht vollkommen von unseren Entscheidungen überzeugt sind, können sie sich auch nicht vollkommen für uns verwirklichen. Der Weg ist: Klare innere Entschlossenheit und Gewissheit zu entwickeln und diese Qualitäten jeden Tag kraftvoller werden zu lassen. Das fordert dieser irdische Raum von uns ein.

Alle großen Errungenschaften von Menschen sind auf diesem Beweggrund, der festen Entschlossenheit und Gewissheit, entstanden. Machen wir es uns zur Aufgabe, jeden Morgen einen Moment lang unseren Tag genau und kraftvoll zu planen. Was möchten wir heute erreichen? Verbinden wir uns dann mit der göttlichen Essenz und mit unseren himmlischen Freunden, lassen wir unseren Plan segnen. Dann verwirklichen wir diesen Plan ohne Zaudern. Treten nicht unmittelbar alle gewünschten Punkte ein, lassen wir uns nicht beirren. Überprüfen wir, ob wir aus Momenten unseres Egos agieren möchten. Dann fahren wir fort, machen wir einfach weiter. Das Licht und die Liebe werden sich durch uns verwirklichen, denn diese Qualitäten sind unsere Natur.

Befinden wir uns gerade in einer Krise in unserem Leben, sprechen wir mit Gott. Wenn wir fest entschlossen sind, wird die göttliche Essenz diese Krise zu unserem Besten wenden! Alle Lösungen und heilenden Möglichkeiten werden erscheinen. Auf unsere feste Entschlossenheit und Gewissheit, diesen Weg der Erfüllung zu gehen, kommt es dann ganz besonders an. Lassen wir keine Negativität in unserem Leben zu, sie verwirklicht sich. Unterbrechen wir negative Gedankengänge und Selbstmitleid unmittelbar. Selbstmitleid führt zu jenen Situationen, die uns wirklich bemitleidenswert erscheinen lassen. Sprechen wir ein Gebet, ein Mantra, oder denken wir an etwas Schönes, um diese Energiestrukturen sofort wieder aufzulösen. Unterlassen wir dieses, wird sich Negativität verwirklichen, das ist ein kosmisches Gesetz.

∞

Alle unserer inneren Botschaften erscheinen! Wirklich alle!

Wir wählen aus, mit welcher Kraft wir uns verbinden möchten, in jedem Moment unseres Lebens; es gibt keinen Stillstand. In jedem Fall wird die Kraft sich potenzieren. Wir sind keine isolierten, energetischen Einheiten, wir sind aktiv verknüpft mit einem unvorstellbar großen, energetischen Netz oder Feld. Alles, was wir in dieses Feld hineinsenden, durchläuft unzählig viele Bewusstseinsformen, gelangt genau dorthin, wohin wir es adressiert haben. Es findet in jedem Fall den Weg und aktiviert sämtliche Möglichkeiten, um uns zu Menschen, zu Begebenheiten, zu Erfolg und zu Gesundheit zu führen.

Nehmen wir die Hilfe und Unterstützung an, die uns auf dem Weg zur Selbstverwirklichung geschenkt wird. Beginnen wir mit der göttlichen Essenz zu kommunizieren. Übergeben wir Leid und Irrtümer. Jeder Mensch hat die Kraft und das Potenzial, diese Umwandlung voranzutreiben. Es ist an der Zeit, dieses zu erkennen. Dieses Buch ist ein Wegweiser, ein Kompass für unsere Seele, in die Essenz Gottes einzutauchen und eins zu werden. Lassen wir alles von der Essenz Gottes durchfluten und neu gestalten. Erfahren wir die Antworten in uns. Erfahren wir das Meer aus Liebe, das hinter aller Form verborgen liegt. Werden wir mehr und mehr zu der Essenz Gottes, drücken wir sie unentwegt aus. Alle Formen von Ego werden dahinschmelzen, sich auflösen und den Blick frei geben auf unser wahres, strahlendes Sein.

Die **erste** grundlegende Aussage ist:

Alles möchte Liebe sein. Alles was nicht als Liebe erscheint, möchte zurückkommen in den Zustand von reiner, klarer Liebe, und erzeugt daher ein Spannungsfeld.

Es gibt nur zwei grundlegende Richtungen. Die eine führt zur Liebe hin, die andere ist die, vor der Liebe fliehen. Es gibt keinen Stillstand, wir befinden uns immer in einer dieser beiden Richtungen und Ausdrucksformen.

Die **zweite** grundlegende Aussage ist:

Alles was erscheint, ist unsere eigene Schöpfung. Es ist eine Erscheinungsform aus uns heraus. Das Positive daran ist, dass wir somit alles verändern können. Lernen wir zu unterscheiden: Kreiere ich aus der Essenz Gottes, aus meiner Seele, aus der bedingungslosen Liebe, oder aus jenem Teil, den wir Ego nennen, eine Ummantelung der Essenz?

Die **dritte** grundlegende Aussage betrifft den irdischen Raum:

Der irdische Raum ist unser Kreationsfeld. Hier liegt alles in unserer Verantwortung; wir sollten beginnen, Verantwortung zu übernehmen. Dann werden wir anfangen, bewusst und gut für die Erde und alle Lebewesen zu erschaffen.

Die **vierte** Betrachtung bezieht sich auf das Unvermögen, das Ganze zu sehen oder erkennen zu können:

Befreien wir uns von dem Blickwinkel der Trennung, dem Bewusstsein, dass etwas außerhalb von uns stattfindet, sowie von der Motivation, alles nur für uns selbst zu kreieren. Es gibt nur ein Sein. Begeben wir uns hingegen mehr und mehr zu dem Bewusstseinszustand des Einssein, erleben wir uns selbst, verwirklicht als die göttliche Essenz in einem individuellen, einzigartigen Ausdruck, in unserem vollen Potenzial.

Die **fünfte** grundlegende Aussage:
Erkennen und beenden wir das Spiel der Dualität, indem wir dazu übergehen, uns von Bewertungen und Negation zu befreien. Bewegen wir uns hin zu mehr Liebe und Dankbarkeit. Dadurch tauchen wir ein in die göttliche Schwingung, unberührt von aller Dualität. Erschaffen wir aus der Essenz Gottes; wir erreichen sie immer über unsere Seele.

Die Umwandlung, die **sechste** Aussage:
Segnen und danken wir allen Unwirren, allen schmerzvollen Erfahrungen, die dieses Leben bereitzuhalten vermag. Beginnen wir, das Unmögliche zu lieben, dann löst es sich auf und wird zurückgebracht in die Liebe und Heilung. Eine neue Realität erscheint. Durch das Gefühl der Liebe erschaffen wir für die jeweilige Erscheinungsform einen interaktiven Kontakt zu dem großen Feld der bedingungslosen Liebe und des Annehmens.

Die **siebte** grundlegende Aussage besagt:
Nehmen wir Hilfe an! Beginnen wir mit der Kommunikation zu Gott. Übergeben wir Gott, der Quelle allen Seins, alle leidvollen Erfahrungen. Begeben wir uns, wann immer es uns möglich ist, in diese Kommunikation – wir werden Heilung und Antworten finden.

Die **achte** Aussage:
Lichtvolle Helfer werden uns auf unserem Weg unterstützen, sobald wir sie darum bitten. Öffnen wir uns innerlich für die Liebe, dann sind wir auf »Empfang« eingestellt; nur so kann alles Lichtvolle uns erreichen und durch uns wirken.

GLOSSAR

Nachfolgend führe ich Erklärungen einzelner zentraler Begriffe auf, die in diesem Buch Verwendung finden. Dabei greife ich auf allgemein übliche, gebräuchliche und anerkannte Definitionen zurück, achte aber darauf, dass Sie meinem Wortgebrauch nach entsprechend spezifische Erklärungen finden. Die Quellen für diese Begriffsdefinitionen sind hier nicht im Einzelnen aufgeführt oder markiert. Jedoch verweise ich darauf, dass es sich hier um eine Zusammenstellung meist fremder Texte handelt.

Drittes Auge: auch geistiges Auge genannt, mit dem Sitz zwischen den Augenbrauen. Ein energetisches Zentrum oder Chakra der Intuition und ein Tor zu den höchsten, göttlichen Bewusstseinsebenen. Mit Chakra (Sanskrit, wörtlich: Rad, Kreis) werden im tantrischen Hinduismus, im tantrisch-buddhistischen Vajrayana, im Yoga sowie in einigen esoterischen Lehren die subtilen Energiezentren zwischen dem physischen Körper und dem feinstofflichen Körper des Menschen bezeichnet. Diese werden durch Energiekanäle verbunden.

Engel: lat. angelus, von altgriechisch: ángelos »Bote«, »Abgesandter« (Übersetzung von Hebräisch: mal'ach, »Bote«) sind Geistwesen, die in den Lehren des Judentums, Christentums und Islams durch Gott geschaffen wurden. Engel sind demnach geistige Wesen ohne Raum- und Zeitbegrenzungen, Wesen aus purem Geist und purer Liebe; sie werden in einigen Quellen auch als göttliche Gedanken und Schwingungen beschrieben.

Erleuchtung: lat: illuminare, »erhellen«, »erleuchten«; bezeichnet nach der am weitesten verbreiteten Auffassung eine religiös-spirituelle Erfahrung, bei der das Alltagsbewusstsein eines Menschen überschritten wird und eine besondere dauerhafte Einsicht in eine wie auch immer geartete gesamtheitliche Wirklichkeit erlangt wird.

In den Konzepten, die mit »Erleuchtung« übersetzt werden, und in der Frage, wie die jeweilige Erleuchtung erlangt werden kann, gibt es allerdings in den Überlieferungen der verschiedenen Kulturen, ihrer philosophischen oder religiösen Weltanschauungen, erhebliche Unterschiede. Erleuchtung wird beispielsweise als spontan eingetretener Durchbruch beziehungsweise als aus eigener Kraft erlangtes Endergebnis eines Prozesses geistiger Übung und Entwicklung, oder aber als Vereinigung mit einem universalen Bewusstsein oder als eine durch göttliche Gnade erlangte Heiligmäßigkeit verstanden. Ob dieses universale Bewusstsein als konkretes göttliches Wesen gedacht wird – wie das Daimonion im antiken Griechenland – oder als Wirken einer universal für alle psychischen Phänomene gültigen Energie, hängt also von der jeweiligen Kultur ab. Unter dem emotional erlebbaren Vorgang einer Erleuchtung ist nicht unbedingt eine religiöse, wohl aber eine die Persönlichkeit grundsätzlich verändernde Erfahrung zu verstehen. Im Kontext asiatischer Religionen bezeichnet Erleuchtung das höchste Ziel der spirituellen Wege, das sich sprunghaft deutlich von einfacheren »mystischen Erfahrungen« unterscheidet. Es wird beschrieben als Einssein mit Gott, fortwährende Liebe, innerer Frieden, durchstrahlendes Licht.

Ego: griechisch/lat. ego, »ich« bedeutet »Eigennützigkeit«. Das Ich-Prinzip, die eigentliche Ursache des Dualismus oder der scheinbaren Trennung zwischen Mensch und Gott. Überwinden wir Ich-Haftigkeit, erkennen wir unser göttliches Wesen, unser Einssein mit Gott.

Gebet: Das Gebet, abgeleitet von bitten, bezeichnet eine zentrale Glaubenspraxis vieler Religionen. Es ist eine verbale oder nonverbale Zuwendung an ein transzendentes Wesen (Gott, Gottheit, Göttin). Eine tiefe, innige Kommunikation mit dem »Herzen«.

Geist: kosmische Schwingung, von Gott ausgehend. Es bezeichnet in vielen Kulturen die Präsenz Gottes, die im Universum und in jeder Form allgegenwärtig ist. Die entsprechenden Worte im hebräischen Ruach, im griechischen Pneuma, bezeichnen mehrere Vorstellungen von Geist, Atem und Wind. Allgemein dasLebensprinzip des Menschen und des Kosmos. Im Lateinischen bezieht sich das Wort Inspiration auf das Einfließen sowohl des Atems wie auch des schöpferischen Geistes. Im Sanskrit bedeutet Prana zum einen Atem, zum anderen die feinstoffliche Lebensenergie, die den Körper erhält; außerdem bedeutet Prana die kosmische Schwingungsenergie, die in jedem Partikel zu finden ist und ihn erhält.

Gott: Quelle allen Seins, Ursprung ohne Anfang und Ende, Ewigkeit, Schöpfung, alles und nichts, kosmische, allwissende Schwingung, allgegenwärtig und alles durchdringend. In den heiligen Schriften der Hindus heißt es, dass Gott sowohl immanent als auch transzendent sei, sowohl persönlich als auch überpersönlich. Wir können ihn als das Absolute suchen oder als eine seiner ewigen Eigenschaften – als Liebe, Weisheit, Glückseligkeit, Licht; oder als himmlische Mutter, als himmlischen Vater oder als Freund.

Intuition: die allwissende Fähigkeit der Seele, welche dem Menschen ohne Vermittlung der Sinne ein unmittelbares Erleben der Wahrhaftigkeit ermöglicht.

Kosmisches Bewusstsein: das Einssein mit Gott jenseits und inmitten der vibrierenden Schöpfung.

Mantra: göttliche Urlaute. Mantra bedeutet Schutz, Verbundenheit mit Gott durch hingebungsvolles, konzentriertes Wiederholen von Urlauten oder heiligen Wörtern, denen eine spirituelle heilsame Kraft innewohnt. Das Urwort des Sankrit ist OM, womit der Aspekt des Erschaffens und Erhaltens von Gott ausgedrückt wird, die kosmische Schwingung. Das OM der Veden wurde zum heiligen Wort, Hum der Tibeter, Amin der Moslems, Amen der Ägypter, Griechen, Römer, Juden und Christen. In diesen Betrachtungen wird erkundet, dass alle erschaffenen Dinge aus einer Urschwingung entstanden sind.

Meditation: lateinisch »nachsinnen«, verwandt mit mederi, »heilen«. Konzentrationsübungen, in denen sich der Geist beruhigen soll. Kontemplation. Die angestrebten Bewusstseinszustände werden mit Stille, Leere, Einssein und frei von Gedanken beschrieben. Die spirituelle Meditation ist die verinnerlichte Konzentration mit dem Ziel, Gott zu erkennen, oder das bewusste Erleben Gottes durch intuitive Wahrnehmung, auch bekannt als Dhyana. Diese ist dann erreicht, wenn der Mensch völlig unberührt bleibt von Sinneseindrücken der äußeren Welt. Die höchste Stufe der Meditation in diesem Sinne ist die Vereinigung oder das Einssein mit Gott, genannt Samadhi.

Meister: ein Mensch, durchdrungen von göttlichem Gewahrsam. Durchstrahlt von unvergänglicher Glückseligkeit und Frieden.

Morphogenetisches Feld: Als morphisches Feld (engl. »morphic field«), ursprünglich auch als morphogenetisches Feld, bezeichnete der britische Biologe Rupert Sheldrake ein hypothetisches Feld, das als »formbildende Verursachung« für die Entwicklung von Strukturen sowohl in der Biologie, Physik, Chemie, aber auch in der Gesellschaft verantwortlich sein soll. Nach Sheldrakes Ansicht ist es einer Form, die bereits an einem Ort existiert, ein Leichtes, auch an irgendeinem anderen Ort zu entstehen. Nach dieser Hypothese wirkt das morphische Feld nicht nur auf biologische Systeme, sondern auf jegliche Form. Dies nannte Sheldrake 1973 ein morphisches Feld, später auch das Gedächtnis der Natur. Seine Hypothese veröffentlichte er 1981 in seinem Buch *A New Science of Life*, deutsch: *Das schöpferische Universum. Die Theorie des morphogenetischen Feldes.*

Paradigmenwechsel: wird eine Änderung des Blickwinkels auf ein wissenschaftliches Feld, auf dessen Paradigma, bezeichnet, wenn durch diese Änderung die Grundlage für eine Weiterentwicklung der Forschung und des bereits vorhandene Wissens gegeben wird. Festgestellt wird dieser Wechsel von der betreffenden »Wissenschaftsgemeinde«.

Spiritualität: Die Transpersonale Psychologie versteht Spiritualität als die Wahrnehmung der Einheit von Wirklichkeit und das Anerkennen des Geistigen als Realität.

Schwingungsfelder: Die Radionik geht von der Existenz eines feinstofflichen Energiefeldes um den Menschen aus, das je nach Quelle und Merkmalsschwerpunkt als »Aura«, »Energiekörper«, »Schwingungsfeld«, »Biofeld«, »Chakrensystem« oder »Lebensenergie« bezeichnet wird und elektromagnetische Wellen, »Biophotonen«, ausstrahlt. Der Begriff »Radionik« bezieht sich nach Edward Russell auf die Annahme, dass der menschliche Organismus auf Radiowellen reagiert.

Selbst: Das Selbst ist individualisierte göttliche Schwingung, unser ewiges Selbst. Es wird unterschieden vom vergänglichen Selbst, unserer Persönlichkeit oder des Egos. Das wahre Selbst ist ewig bestehend, ewig bewusst, voller Liebe und Glückseligkeit.

Selbstverwirklichung: Dieser Zustand tritt ein, wenn wir erkennen, dass wir jetzt bereits eins sind mit Gott. Die Erweiterung unserer Auffassung führt uns zu dieser Erkenntnis.

Überbewusstsein: das Allsehende, glückselige, ewige Bewusstsein der Seele, das letztendlich in das kosmische Bewusstsein mündet.

Wunder: (griechisch: thauma) gilt umgangssprachlich als ein Ereignis, dessen Zustandekommen man sich nicht erklären kann, sodass es Verwunderung und Erstaunen auslöst. Es bezeichnet demnach allgemein etwas »Erstaunliches« und »Außergewöhnliches«. Im engeren Sinn versteht man darunter ein Ereignis in Raum und Zeit, das menschlicher Vernunft und Erfahrung und den Gesetzlichkeiten von Natur und Geschichte scheinbar oder wirklich widerspricht.